Helmuth M. Backhaus wurde 1920 in Bonn geboren. Er begann als Journalist nach 1945 bei Radio München, einem Sender der amerikanischen Militärregierung. Später wurde er freier Mitarbeiter beim Bayerischen Rundfunk und anderen deutschen Sendern und arbeitete auch viel für das Fernsehen. Er schrieb Romane, Drehbücher, Theaterstücke, Gedichte und Hörspiele.
Helmuth M. Backhaus lebt heute in München.

Dieses Buch wurde auf chlor- und säurefreiem Papier gedruckt.

Vollständige Taschenbuchausgabe Juli 1992
Droemersche Verlagsanstalt Th. Knaur Nachf., München
© 1975 und 1989 Hestia Verlag GmbH, Bayreuth
Umschlaggestaltung Adolf Bachmann, Reischach
Umschlagabbildung AKG, Berlin
Druck und Bindung Elsnerdruck, Berlin
Printed in Germany
ISBN 3-426-02990-1

2 4 5 3 1

Helmuth M. Backhaus
Götter GmbH & Co. KG

Eine amüsante Aufklärung über
das Treiben der antiken Götter

Mit Illustrationen von H. E. Köhler

Inhalt

Rom

Auf dem Olymp

1. Zeus

Die Götter stammen – das weiß jedes aufgeweckte Kind – nicht von den Sternen, sondern aus den Schulbüchern. In diesen leichtfertigen Werken werden Typen wie beispielsweise ein gewisser Zeus – Verbreiter von Blitzen, Donner, Pornoattacken und anderen Kraftmeiereien – zu Gottvätern hochstilisiert.

Ein Glück, daß dieser griechische Zeus noch einen zweiten – lateinischen – Namen besaß. Bei den alten Römern hieß er Jupiter. Dadurch konnte er infolge der späteren Erfindung der Jupiter-Bogenlampen wenigstens auf das ehrenwerteste in die Geschichte der Elektrotechnik eingehen. Schade, daß er als Unsterblicher meist auf dem Berg Olympos sitzen und die Welt regieren mußte – er hätte einen herrlichen Filmproduzenten abgegeben. Einen jener Breitwandgewaltigen, der sich vor allem den jüngeren unentwegt auf- und niederstrebenden Darstellerinnen ebenso künstlerisch wie gottväterlich gewidmet hätte.

Aber um ihm beizukommen, muß man sich ernsthaft mit ihm beschäftigen. Er ist es wert, wenn auch unter den widersprüchlichsten Aspekten. Zunächst einmal ist sein Geburtsort umstritten. Die alten Griechen waren sich da selber nicht ganz einig. Die einen schworen auf Arkadien, die anderen waren fest davon überzeugt, nur Dodona in Epirus komme in Frage. Dort lebe er nämlich in einer alten Eiche über einer heiligen Quelle und verkünde unfehlbare Orakelsprüche. Das erwies sich lange Zeit als sehr praktisch, denn wenn man von der Pythia, die in Delphi auf ihrem Dreifuß saß, ein schlechtes Orakel bekommen hatte, dann konnte man gleich nach Dodona weiterreisen und sich von Zeus ein besseres holen.

Die Kreter jedoch lassen sich auch heute noch auf keinerlei Spekulation hinsichtlich des Geburtsortes des Vaters der Götter und Menschen ein. Für sie – wie für die meisten anderen – steht fest: Zeus wurde auf Kreta geboren.

Die Vorgeschichte läuft ab wie ein Krimi. Rhea, die Gattin eines gewissen Kronos – der aber nichts mit jenem Chronos zu tun hat, der die Zeit verkörperte und infolgedessen das Chronometer erfand –, diese Rhea also, war die Tochter von Gaia, der »Mutter Erde«, und von Uranos, der den Himmel darstellte. Soweit alles klar?

Gut, nun aber wird es komplizierter. Kronos war nicht nur Rheas Mann, sondern auch ihr Bruder. Ein Bursche von abscheulicher Gemütsart, denn um die Herrschaft des Himmels zu übernehmen, kastrierte er seinen Vater Uranos mit einer Sichel. Uranos verlor daraufhin jede Lust an der Regierung, und der ungeratene Kronos saß allein auf dem Himmelsthron. Seiner Mutter Gaia war das natürlich nicht recht, und sie prophezeite ihm düster-drohend, eines seiner Kinder werde es ihm heimzahlen und ihn stürzen. Bis dahin ist das eine zwar blutige, aber doch gewöhnliche Geschichte, wie sie schon in den besten Dynastien vorgekommen ist.

Nun aber kommt auch noch Kannibalismus hinzu. Um nämlich seine Absetzung gar nicht erst zu ermöglichen, verschlang der boshafte Kronos alle seine Kinder sofort nach der Geburt. Er muß einen eisernen Magen besessen haben.

Lediglich das Baby Zeus kam davon. Wie man hört, nur äußerst knapp. Kaum war es geboren, vertauschte es Mutter Rhea blitzgeschwind gegen einen größeren, in Windeln gewickelten Feldstein, den Kronos auch prompt verschluckte.

Diese Darstellung scheint jedoch höchst zweifelhaft. Sie unterstellt dem Kronos – einem mittlerweile erfahrenen Babyverspeiser –, daß er einen Feldstein nicht von einem Neugeborenen unterscheiden könne. Windeln hin – Windeln her! So dumm – und so geschmacklos – war er vermutlich nicht. Deshalb wollen wir diese Version verwerfen und uns lieber an das halten, was die Kreter erzählen.

Für sie sieht die Sache so aus: Als Rhea merkte, daß sie wieder einmal kurz vor der Niederkunft stand, sprach sie sich mit ihrer Mutter Gaia aus, und diese empfahl die Insel Kreta als Zufluchtsort. Man einigte sich auf die Grotte Diktaion, und dort gebar Rhea heimlich ihren Zeus. Mag sein, daß sie ihrem Göttergatten dann nachträglich noch einen Stein zum Fressen mitgebracht hat, aber das ist nicht mehr zu klären. Zeus blieb jedenfalls ohne sie in der Grotte zurück, und seine Pflege wurde den Damen Melissa und Adrastia anvertraut, zwei Töchtern des Königs Melissos.

Diese nahmen aus Sicherheitsgründen zunächst einmal einen Ortswechsel vor. Sie zogen mit dem Knaben Zeus in die Höhle Idaion um. Zu seiner Ernährung wurde eine Ziege namens Amalthea engagiert, die eine Tochter der

Sonne war, eine grauenerregende Gestalt hatte, aber viel gute Milch gab. Und da sieht man ja über manches hinweg.

Außer der Milch bestand die Diät des Knaben Zeus noch aus Ambrosia. Das war eine anerkannte Götterspeise nach Geheimrezept, die ewige Jugend und garantierte Unsterblichkeit verlieh. Leider wird sie nicht mehr hergestellt. Und schließlich bekam Zeus auch noch ein tägliches Quantum Wein. Das muß natürlich Bedenken erregen. Es ist anzunehmen, daß diese Verabreichung von Alkohol im zartesten Kindesalter erheblich zu dem späteren ausschweifenden Lebenswandel des Zeus beigetragen hat.

Das Nahrungsmittel Ambrosia wurde dem Kinde regelmäßig von den Tauben Peliades überbracht. Für die Weinlieferung war ein riesiger Adler zuständig. Aus Dankbarkeit ernannte ihn Zeus später zu seinem heiligen Tier. Nun hatte der Knabe – wie viele Junioren in diesem Alter – die Angewohnheit, häufig zu brüllen. Leider brüllte er so laut, daß die Felswände davon erzitterten und Mutter Rhea Angst bekam, diese Urlaute könnten den gefräßigen Vater Kronos auf seine Spur bringen. Sie stellte daher Wächter vor die Höhle – die sogenannten Kureten –, die jedesmal, wenn das Kind schrie, ihre erzenen Schilde schütteln mußten, um das penetrante Geplärr zu übertönen.

Eine weitere Stärke des Knaben Zeus war sein Gelächter. Einmal lachte er sieben Tage und Nächte lang hintereinander. Seither – so glauben die Kreter heute noch – spielt die Zahl Sieben eine besondere Rolle im menschlichen Leben.

Als Zeus unter derart ungewöhnlichen Umständen herangewachsen war, verließ er die Höhle Idaion und befreite erst einmal eine Reihe von Familienangehörigen: seine Onkel, die Kyklopen, die in den unterweltlichen Abgrund des Tartaros verbannt worden waren. Zum Dank schmiedeten sie dem jungen Zeus seine Geheimwaffen – die furchtbaren Blitze.

Damit ausgerüstet – und unterstützt von der Okeanide Metis, die eine sehr wirksame Sorte Magentropfen zu brauen verstand – zwang er seinen Vater Kronos, die verspeisten Geschwister wieder hervorzuwürgen. Nacheinander spie Kronos sie aus: den Poseidon, die Hera, die Demeter, die Hestia und den Hades. Zusammen mit den geretteten Brüdern und Schwestern stürzte Zeus nun den Rabenvater Kronos vom Thron und ging gleich daran, die Weltherrschaft neu einzuteilen. Ein typisches Merkmal aller erfolgreichen Revolutionen...

Bruder Poseidon bekam die Kommandogewalt über die sieben Meere.

Demeter wurde Göttin des Ackerbaus.

Hestia – die Römer nannten sie später Vesta – erhielt das heilige Herdfeuer zur Bewachung und damit den Schutz des Hauses.

Der etwas mürrisch veranlagte Hades bekam die Unterwelt.

Blieb noch Schwester Hera. Zeus wußte nicht so recht wohin mit ihr. Alle Posten waren vergeben. Schließlich fand er eine geniale Lösung: Er heiratete sie einfach. Dadurch wurde die ehrgeizige Hera Göttermutter und Himmelsfürstin – denn den Himmel hatte Zeus wohlweislich für sich behalten. Er wollte auf jeden Fall der Chef bleiben.

Nach Kreta kehrte er übrigens noch einmal zurück. Und zwar in höchst angenehmer Begleitung. Das Auge des Vaters der Götter und Menschen hatte mit Wohlgefallen auf einer gewissen Europa geruht, einer Tochter des phönizischen Königs Agenor. Um sich dieser Europa unauffällig nähern zu können, wählte Zeus die Gestalt eines jungen Stiers. Arglos setzte sich Europa auf den Rücken des vermeintlichen Rindviehs, und flugs verschleppte sie Zeus über See zur Insel Kreta. Dort ließ er die Stiermaske fallen und präsentierte sich als göttlich schöner Jüngling. Natürlich wurde Europa daraufhin schwach, und aus dieser Verbindung entstanden drei Söhne: Minos, Rhadamanthys und Sarpedon. Von letzterem wird allerdings auch verbreitet, Zeus habe ihn mit einer anderen Dame gezeugt. So genau wußte er es wohl selbst nicht mehr.

Minos erwies sich bald als aggressiv, vertrieb seinen Bruder Rhadamanthys, wurde König von Kreta, Palastherr zu Knossos, Besitzer des Minotaurus und als solcher eine Touristenattraktion bis auf den heutigen Tag.

Rhadamanthys übernahm nach einer wechselvollen Karriere schließlich ein hohes Richteramt in der Unterwelt.

Ja – und mit der Europa sind wir nun schon mitten im äußerst verwickelten und kaum überschaubaren Liebesleben des munteren Göttervaters Zeus.

Da die eifersüchtige Gattin Hera scharf aufpaßte, blieb dem göttlichen Liebhaber gar nichts anderes übrig, als sich dauernd zu verstellen. Das hat dann später die Kunstmaler und Bildhauer sehr gefreut, weil es ihnen zahllose schlüpfrige Motive für Auftragsarbeiten bot.

Da war zum Beispiel die Sache mit Leda. Diese Leda war

eine Tochter des Königs von Ätolien, in Sparta verheiratet, und galt als tugendsam. Zeus kam auf den Einfall, als Schwan mit ihr zu flirten, und hatte damit durchschlagenden Erfolg. Leda gebar ihm die schöne Helena, was dann allerdings später unerfreuliche Nachwirkungen hatte, weil Helena den Trojanischen Krieg verursachte. Aber das war ja nicht vorauszusehen.

Oder nehmen wir den Fall Danaë. Die Tochter des Königs von Argos wurde von ihrem Vater in einem Turm eingesperrt, weil dem Herrn Papa irgendein Intrigant prophezeit hatte, der zukünftige Sohn seiner Tochter würde ihn umbringen. Zeus hatte Mitleid mit der schönen Verhafteten und besuchte sie in ihrem Turm. Er tat das auf sehr dezente Art. Er verwandelte sich in einen Goldregen, der Danaë genau in den Schoß fiel. Das Ergebnis war der Held Perseus. Sie wissen – der mit dem abgeschlagenen Gorgonenhaupt.

Was Maskeraden anbelangt, war Zeus überhaupt von geradezu genialer Erfindungsgabe. Zur Olympia kam er beispielsweise als wilder Drache, zu Io dagegen als sanfte Wolke. Vermutlich paßte er sich den jeweiligen Bedürfnissen der Damen an.

Am allerraffiniertesten ging er bei der hübschen Alkmene vor. Ihr erschien er in Gestalt ihres Gatten Amphitryon, der gerade kriegsdienstlich abwesend, aber bereits im Anmarsch war.

Alkmene bedankte sich mit der Geburt des Herakles. Und ganze Generationen von Bühnendichtern bedankten sich wiederum bei ihr.

Außer mit unzähligen anderen Gespielinnen – die nicht

einmal ein moderner Klatschkolumnist lückenlos aufzählen könnte – trieb es der unersättliche Zeus auch noch mit Schwesterchen Demeter, und als diese ihm die Persephone geboren hatte, schlief er – kaum war sie herangewachsen – auch noch mit der eigenen Tochter und Nichte, die daraufhin den Dionysos in die Welt setzte. Womit wir wieder beim Wein wären.

Hinter vorgehaltener Hand wurde auch gewispert, Zeus habe etwas mit dem schönen Knaben Ganymed gehabt. Sonst hätte er ihn nicht durch seinen Leibadler in den Olymp entführen lassen, um ihn dort als persönlichen Mundschenk zu beschäftigen. Aber die Griechen dachten in dieser Hinsicht recht freizügig.

Zahlreich wie die Liebschaften war auch die Nachkommenschaft des Vaters der Götter und Menschen.

Ganz gesittet im Ehebett zeugte er den Ares – von den Römern Mars genannt –, den Gott des Krieges. Bei seinem gespannten Verhältnis zur Gattin Hera kann man das geradezu als symbolisch auffassen.

Auch die liebliche Hebe, die Göttin der ewigen Jugend, die auf dem Olymp jedermann den Göttertrank servierte, ist seine legitime Tochter – und Hephaistos, der Gott des Feuers und aller Leute, die mit Feuer zu tun haben, ist sein legitimer Sohn. Auf diese ganze interessante Familie kommen wir noch zu sprechen.

Aus der außerehelichen Tätigkeit des Göttervaters stammen – neben den schon früher Erwähnten – so prominente Olympier wie Apollon, Artemis und Hermes, während seine Vaterschaft bei einer so überaus wichtigen Persönlichkeit wie Aphrodite, Göttin der Liebe, strittig ist.

Bei der Erschaffung der Athene wandte Zeus eine besondere, nie wieder kopierte, geschweige denn erreichte Methode an: Er ließ sie in voller Rüstung direkt aus seinem Haupt herausspringen. Die Geburt der Göttin der Weisheit und der klugen Kriegskunst also unmittelbar aus dem olympischen Zentralgehirn.

Rastlos zeugte Zeus ferner eine Reihe von Heroen und außerdem ganze Gruppen, wie die drei Schicksalsgöttinnen, die Moiren, besser bekannt unter dem Namen Parzen – die drei Chariten (die drei Grazien) – die vier Horen, Göttinnen der Jahreszeiten – und als Krönung sämtliche neun Musen.

Kein Wunder bei solchen Triumphen und einer derartigen Kondition, daß die Olympischen Spiele ihm zu Ehren abgehalten wurden.

In Olympia stand auch seine berühmteste Statue. Hier, im Tal des Flusses Alpheios, hatte man ihm einen gewaltigen Tempel erbaut. Vierundsechzig Meter lang, achtundzwanzig Meter breit und zweiundzwanzig Meter hoch. Für die Statue des Göttervaters war natürlich keiner der einheimischen Künstler gut genug. Aus Athen wurde der große Meister Phidias nach Elis geholt, und das Bildhaueratelier, das ihm die Bauherren im Tempelbezirk einrichteten, ist heute noch zu sehen.

Diese Statue aus Gold und Elfenbein gehörte zu den sieben Weltwundern. Auf einer unter dem römischen Kaiser Hadrian in Elis geprägten Münze ist sie abgebildet. Und zwar nicht als Standbild, sondern als Sitzbild. Zeus thront auf einem hochlehnigen, reichverzierten Sessel, die Füße gegen einen Schemel gestützt. In der Rechten hält er einen Speer – das Himmelszepter –, und auf seiner linken Handfläche balanciert eine Nike, die geflügelte Göttin des Sieges.

Man fühlt sich an die Verse des Homer erinnert: »Und die ambrosischen Locken des Herrschers wallten nach vorne von dem unsterblichen Haupt. Es erbebten die Höh'n des Olympos.«

Zeus – das war für die alten Griechen die Verkörperung aller Naturgewalten, das Symbol aller Zeugungskraft, der Urquell aller Fruchtbarkeit, das Orakel aller Weissagung, der schützende und der strafende Vater der Götter und Menschen.

Unschwer zu begreifen, daß es die leidgeprüfte Gattin Hera nicht gerade leicht mit ihm hatte.

Wenden wir uns also jetzt mit einer artigen Verneigung ihr – der Göttermutter – zu.

2. Hera

In grauer deutscher Vorzeit, als die Schulreformplaner noch ehrerbietig vor den Toren der Gymnasien haltmachten – sie tun das meist auch heute noch, nur geben es die Verantwortlichen nicht gerne zu –, damals also, nannten die humanistischen Schüler die Göttermutter »Hera«. Man vermutet, dieser griechische Name bedeutet »Schützerin«. Diese Auslegung hat manches für sich, denn eine Schützerin brauchte der ununterbrochen fremdgehende Götter- und Menschenvater Zeus, wenn er es auch niemals einsehen wollte. Aber die Mächte zeigen sich bekanntlich immer störrisch ihren Schutzmächten gegenüber.

Hera war die First Lady der griechischen Göttinnen und benahm sich dementsprechend. In der Erinnerung älterer deutscher Kinobesucher lebt sie in der Gestalt von Adele Sandrock – der Eisernen Adele – fort, die der jüngeren Generation allerdings entging, was für den Nachwuchs bedauerlich ist.

Der Legende nach soll Hera die älteste Tochter des Kronos und der Rhea gewesen sein – somit war sie nicht nur die Gattin, sondern auch die Schwester des Zeus. Die Erwähnung dieses letzteren, inzestuösen Umstandes wird im Schulunterricht, sogar der höheren Klassen, meist nur im

Flüsterton dargeboten, wenn nicht sogar peinlichst vermieden. So etwas könnte die Schüler und Schülerinnen auf abwegige Gedankengänge leiten, die zwar den Göttern, aber nicht den Menschen gestattet sind. Wie sagt das neulateinische Sprichwort in bezug auf den Jupiter Jovis –? »Quod licet Jovi – non licet bovi!« Zu deutsch: »Was Jupiter erlaubt ist, das ist noch lange nicht jedem Rindvieh erlaubt!«

Übrigens, wenn ich mich im Laufe dieser Geschichten in der Aufzählung der genealogischen Tatsachen gelegentlich wiederhole, so gebe ich zu meiner Entlastung zu bedenken, daß die gesamte Mythologie aus endlosen Wiederholungen besteht und der einzelne dagegen machtlos ist.

Die sogenannten Realgymnasiasten sprachen die Hera mit ihrem lateinischen Namen »Juno« an und beriefen sich damit zu Recht auf den altrömischen Kult. Dies trug den Realgymnasiasten die Verachtung der humanistischen Schüler ein, die ohnehin auf sie herabsahen. Erstens wegen einer nicht zu leugnenden Schwäche in Griechisch, zweitens aber auch deshalb, weil der strenge Humanist den Realitäten sowieso mit Vorbehalt gegenübersteht. Es muß daher jeden Absolventen eines humanistischen Gymnasiums wurmen, daß die hehre Hera eigentlich nur als Juno in die breite Masse gedrungen ist. Das deutsche Volk lernte sie beispielsweise als Zigarettenmarke kennen, und der Werbeslogan »Aus gutem Grund ist Juno rund« gehört zu den wissenschaftlich fundiertesten Reklamesprüchen der Neuzeit.

Denn Juno war, wie erhaltene Statuen beweisen, wirklich eine statuarische Erscheinung. Wenigstens in der Phantasie der Bildhauer. Nicht nur groß und stattlich, sondern auch allseitig wohlproportioniert. Damen von solch ein-

und ausladendem Körperbau werden an kalifornischen Stränden noch heute gern als »West Coast Juno« bezeichnet, und es ist beklagenswert, daß nur noch verschwindend wenige Königinnen des sogenannten Jet-Sets diesen idealen Maßen gleichkommen.

In unserer Zeit, in der Dürre Trumpf zu sein scheint, muß Juno zwangsläufig in den Hintergrund treten und zusehen, wie die modernen Göttinnen mit klappernden Schlüsselbeinen ihren Null-ouvert spielen. Aber diese können ihr nicht am Zeuge flicken, denn sie hat ihre ruhmvolle Vergangenheit hinter sich, und in ihren Tagen war sie eine unumstrittene Schönheit.

Es war die Zeit der Tiersymbole, und Hera – ihr Hauptkultort lag in Argos, einer klassischen Landschaft des Peloponnes – offenbarte sich in der Gestalt einer Kuh.

Was sollte sie schon machen, wenn ihr Göttergatte Zeus darauf bestand, sich beispielsweise in der Gestalt eines Stiers zu offenbaren. Infolgedessen – und auch wegen ihrer besonders großen Augen – wurde Hera »Die Kuhäugige« genannt. Was vermutlich den Zeus veranlaßte, seine Stieraugen auf andere zu werfen.

Das Verhältnis zwischen Göttern und Menschen – also zwischen Unsterblichen und Sterblichen – wurde ja von den alten Griechen als eher menschlich denn göttlich betrachtet, mehr von der Natur und ihren unabweisbaren Gewalten her gesehen, als von der Ideologie und ihren unbeweisbaren Doktrinen.

Man wird in diesem Zusammenhang feststellen, daß spätere Religionen meist mehr von der Vermarktung des jeweiligen lieben Gottes ausgingen als von der Unterwerfung des Individuums, obwohl das fast immer im Programm stand. Dies nennt man den Fortschritt von Kultur und Zivilisation. Es soll uns aber bei der historischen Betrachtung von Hera-Juno nicht stören. Denn wir bewegen uns glücklicherweise in heidnischen Kreisen und daher zensurfrei.

Alle gängigen Begriffe von Sitte, Moral, Polizei, Elternrecht, Law and Order fehlten den antiken Göttern – was immer auch an Gegenteiligem behauptet werden mag. Nun, sie werden diese Slogans nicht sonderlich vermißt haben.

Außerdem waren sie alle irgendwie miteinander verwandt, und so blieb alles in der Familie – auch wenn es durch vorwitzige Schriftsteller herumgetratscht wurde.

Das geschah besonders dann, wenn die Götter auf zwei verschiedenen Seiten, beispielsweise in den Trojanischen Krieg oder ähnliche irdische Aktivitäten, eingriffen. Den Göttern deswegen einen Vorwurf zu machen, wäre ungerecht, denn sie waren durch ihre eigenen Kriege und Kämpfe soviel Kummer gewöhnt, daß ihnen der Krach schon zur lieben Gewohnheit geworden war.

Wie die meisten schlauen Ehefrauen, so suchte auch Hera ihre eigene Autorität zu vergrößern, indem sie die Macht ihres Ehemannes verstärkte. So redete sie Zeus ein, er müsse unbedingt den Mittelpunkt der Welt etablieren. Raffinierterweise gab sie diesen Einfall als einen Spruch des Orakels von Delphi aus.

Um des häuslichen Friedens willen schickte Zeus zwei Angestellte los – in diesem Fall zwei Adler –, weil es sich um ein Langstreckenrennen handelte. Er ließ die beiden

Adler von den entgegengesetzten Enden der Welt starten. Da, wo sie sich treffen würden, sei dann logischerweise der Mittelpunkt des Ganzen.

Nun könnte sich der unaufgeklärte Laie eventuell folgender Ansicht zuneigen: Wenn Zeus so genau über die Lage der entgegengesetzten Enden der Welt im Bilde war, dann hätte er eigentlich auch deren Mittelpunkt berechnen können. Aber man vergißt bei dieser Anschauungsweise, daß viele herausragende Persönlichkeiten des Universums schwach in Mathematik, Trigonometrie und verwandten Fächern waren und trotzdem noch heute einen angesehenen Namen tragen.

Ist es denn Einstein jemals gelungen, eine bedeutende Religion – außer der Relativitätstheorie – zu gründen? Nein. Das darf mit Recht bezweifelt werden.

Zeus jedenfalls, in religiösen Fragen längst eine anerkannte Kapazität, ging auf Nummer Sicher, schickte die bewußten Adler aus, und diese beiden hochgebildeten Vögel trafen sich natürlich in Griechenland, und zwar in Delphi.

Es wäre ja auch ein nie wieder gutzumachender Skandal gewesen, wenn sie sich – sagen wir mal – in Ostfriesland getroffen hätten. Unter solchen Umständen wäre vielleicht die ganze Weltgeschichte anders verlaufen.

Nun setzten sich also diese beiden Adler, völlig erschöpft von der langen Flugreise, in Delphi gemeinsam auf einen Felsbrocken, und dieser Stein wurde von den zuständigen Priestern postwendend zum »Omphalos« erklärt, zum Nabel der Welt. Eine Bezeichnung, mit der ein Gynäkologe heute noch zu arbeiten hat.

Ich erwähnte schon einen von Heras Hauptkultorten: Argos. Gründer und König dieses Gemeinwesens war Inachos, der uns aber hier viel weniger interessiert – Könige verlieren ja überhaupt zusehends an Interesse – als seine hübsche Tochter Io, die bekanntlich in die Zeussche Skandalchronik eingegangen ist. Die Affäre erwies sich als besonders delikat, weil Io ausgerechnet Priesterin der Hera war, und in dieser Eigenschaft lernte sie Zeus kennen.

Als nun Hera hinter die neuen erotischen Machenschaften ihres Göttergatten kam, hatte Zeus daheim keine ruhige Minute mehr. Man kann sich leicht vorstellen, was der Arme erleiden mußte, wenn man sich daran erinnert, daß die Stimme der Göttermutter so laut war wie die Stimmen von fünfzig Männern. Schon rein akustisch und ganz abgesehen vom Text ist diese Phonstärke für einen Ehemann kaum auszuhalten. Auch wenn man berücksichtigt, daß die Götterbehausungen auf dem Olymp vermutlich nicht die Resonanz moderner Eigentumswohnungen hatten. Um nun diesem orkanartigen Familienkrach zu entgehen, besann sich der alte Herr auf seine überirdischen Kräfte und verwandelte die überraschte Io, ohne sie vorher zu fragen, in eine weiße Kuh. Das war eine der sarkastischen Pointen des Zeus, denn die Römer, die ja die Hera unter Beibehaltung ihrer Funktionen als Juno übernommen hatten, liebten es, ihr weiße Kühe als Opfertiere darzubringen. Hera muß diese Entwicklung damals schon vorausgeahnt haben. Außerdem kannte sie ihren Pappenheimer und traute der Verwandlung nicht.

So beauftragte sie ein speziell trainiertes Monstrum – einen gewissen Argos, lateinisch Argus –, die verdächtige

Kuh zu bewachen. Dieser Argus – auch der »Allessehende« genannt – hatte, über den ganzen Körper verteilt, viele Hunderte von Argusaugen, von denen immer nur ganz wenige geschlossen waren.

Lebte und arbeitete er heute noch, so wäre er mit Sicherheit der erfolgreichste Klatschkolumnist der zivilisierten Welt. Für jede Spalte hätten mindestens ein paar Dutzend Augen zur Verfügung gestanden. Zum Nachteil der Leser der Boulevardpresse wurde dieser vieläugige Argus jedoch das Opfer des fast ebenso umsichtigen Zeus.

Dieser ließ ihn nämlich von seinem Adjutanten Hermes mit dessen Zauberstab umbringen, wobei sich ein Auge nach dem anderen schloß. Die geliebte Io sollte wenigstens als Kuh ihre Ruhe haben.

Aber Zeus hatte nicht mit der hinterlistigen Hera gerechnet, die ein gerade beschäftigungsloses Insekt von der Art Tabanus bovinus – auf deutsch »Rindsbremse« – unter Vertrag nahm und es hinter der unglücklichen Kuh Io herhetzte, bis diese vor lauter Bremsengesteche und -gesumme beinahe verrückt wurde und wie eine Wilde durch alle möglichen Länder bis nach Thrakien rannte. In ihrer Verzweiflung durchschwamm sie sogar eine Meerenge zwischen dem Schwarzen- und dem Marmarameer, die dann später nach ihr »Bosporus« genannt wurde – die »Rinderfurt«.

Erst in Ägypten kam die arme Io einigermaßen zur Ruhe. Dort verwandelte sie Zeus in einem Anfall von Güte in ihre menschliche Gestalt zurück, und voll Dankbarkeit schenkte ihm Io dafür einen Sohn namens Epaphos, der sich dann später mit einer Tochter des Nils, genannt Memphis, verheiratete, die außer der Gründung der Stadt gleichen Namens auch eine einst berühmte Zigarettenmarke auf dem Gewissen hat.

Dem von Hermes liquidierten Argus nahm Hera inzwischen seine unzähligen Augen weg und setzte sie in die Schwanzfedern der Pfauen, die ihr heilig waren, woraus man wieder ersehen kann, wie eng die künstlerische Gestaltung des Tierlebens mit den Manipulationen der antiken Götter verbunden war.

Der Pfau, ursprünglich in Ostindien und auf Ceylon beheimatet, kam über das sagenhafte Land Ophir – aufgrund der Überseegeschäfte des Königs Salomo – und über Persien ungefähr im fünften Jahrhundert vor Christi Geburt nach Griechenland und wurde dort als dekoratives Haustier gehalten. Warum er der Hera heilig war, ist klar: Sein aufgestelltes Rad erinnerte die Göttermutter und Himmelskönigin an den Horizont, und als es nun auch noch die Argusaugen trug, sah es aus wie der Sternenhimmel. Das mißklingende Schreien des Pfaus konnte Hera mit ihren fünfzig Männerstimmen leicht übertönen. Die göttliche Protektion hinderte aber die vornehmen Römer der Kaiserzeit keineswegs daran, Pfauenzungen und Pfauenhirne als besondere Delikatesse zu schnabulieren, anstatt diesen, der Hera-Juno heiligen Radschlägern, die schuldige Reverenz zu erweisen.

Man muß der Göttermutter Hera zugute halten, daß sie infolge des starken Sexverbrauches ihres Göttergatten Zeus einfach nicht zu einem beschaulichen Familienleben kam.

Aus lauter Eifersucht engagierte sie zum Beispiel zwei Schlangen, die den Herakles umbringen sollten, jenen unehelichen Sohn, den der unersättliche Zeus mit der Generalsgattin Alkmene in der Gestalt ihres rühmlichst abwesenden Gemahls Amphitryon gezeugt hatte. Diesen Herakles hatte Hera sowieso in schlechtester Erinnerung, weil sie ihn einmal – als er von seiner Mutter vorsichtshalber ausgesetzt worden war – nichtsahnend auf den Arm nahm, woraufhin der ungebärdige Knabe sofort die Gelegenheit benutzte, sie in den Busen zu beißen. Hera ließ das gräßliche Kind fallen, vergaß aber diese schmerzhafte Episode nicht.

Die beiden Schlangen konnten keinerlei Erfolg verbuchen, denn Herakles – schon als Knabe stark wie ein Berufsringer – erwürgte sie mit den bloßen Händen.

Seiner Gattin Hera gegenüber verhielt sich Zeus, trotz seines permanent schlechten Gewissens – oder vielleicht gerade deshalb –, häufig in einer Art und Weise, die ihm in unserer aufgeklärten Gegenwart sofort die Scheidungsklage wegen seelischer und sonstiger Grausamkeit eingebracht hätte.

So fesselte er sie nach ihrem Anschlag auf den Herakles und hängte sie im Äther auf – also in der frischen Luft des obersten, reinen Himmels, den dieser Äther, Sohn des Dunkels und der Nacht, zu symbolisieren hatte. Zur Strafverschärfung band ihr Zeus noch zwei schwere eiserne Ambosse an die göttlichen Füße. Nur durch List und Lüge kam Hera wieder frei.

Sie versuchte dann ihrerseits mit Hilfe des Zeusbruders Poseidon und der Zeustochter Athene, den Göttervater ebenfalls zu fesseln.

Poseidon und Athene hielten bei dieser Aktion zusammen, obwohl sie sich sonst häufig bekämpften. Ein Beispiel dafür, wie es schon damals in den sogenannten ersten Familien zuging. Also braucht man sich auch heute über nichts zu wundern. Weder in den obersten noch in den untersten Schichten und in den mittleren schon gar nicht.

Die Meeresgöttin Thetis – Mutter des Helden Achilles – erlöste damals den tobenden Zeus aus seinen Banden.

Nun muß man für den Ärger der Hera Verständnis aufbringen. Schließlich war sie als spezielle Beschützerin der Frauen und ihrer Ehre eingesetzt. Sie amtierte als Heiratsvermittlerin und überwachte anschließend auch Sitte und Wohlverhalten in der Ehe.

Aber man macht ja oft die betrübliche Erfahrung, daß Leute, die anderen gegenüber besonders streng und unerbittlich sind, zu Hause in ihrer eigenen Ehe das größte Durcheinander haben. Dies ist nichts Neues und offenbar so alt wie der Olymp der Griechen, was dann wiederum ein gewisser Trost auch für die Nachfahren wäre.

Es soll nämlich bei der Gelegenheit nicht verschwiegen werden, daß die eifersüchtige Hera selbst ein nie ganz geklärtes Techtelmechtel mit einem gewissen Ixion hatte.

Ixion hatte seinen zukünftigen Schwiegervater Eioneus, dem er die Zahlung des vereinbarten Preises beim Brautkauf schuldig geblieben war, heimtückisch ermordet und sich danach – vermutlich auf Anraten seines Anwalts – wahnsinnig gestellt. Dem Zeus tat er aus irgendeinem Grunde leid. Er nahm den Wahnsinn – oder was er dafür hielt – allergnädigst von ihm und lud ihn sogar zu Tisch ein.

Droben im Olymp verliebte sich Ixion schon zwischen Vorspeise und Suppe unsterblich in die Gastgeberin Hera und bedrängte sie nach dem Dessert auf die unbotmäßigste Weise mit unsittlichen Anträgen. Niemand weiß, ob Hera nachgab, während Zeus sein Mittagsschläfchen hielt.

Die Legende berichtet lediglich, Hera habe zur Ablenkung schnell eine kunstvoll geformte Wolke geschaffen, die ihr zum Verwechseln ähnlich sah, und Ixion habe in seiner blinden Verliebtheit dann diese Wolke leidenschaftlich umarmt und so weiter ...

Da aber die Legende dann berichtet, aus der Liebschaft zwischen Ixion und der Wolke seien die Kentauren entstanden – also jene Pferde mit männlichem Oberkörper oder jene Männer mit Pferdeunterleib –, schleichen sich gewisse Zweifel ein, ob nicht Hera doch irgendwie und irgendwo an diesem Akt beteiligt war und die Wolke sozusagen nur vorgeschoben hatte, damit die anderen Olympbewohner und Tischgäste nicht zusehen konnten. Um ihre Geschichte möglichst glaubhaft erscheinen zu lassen, gab sie der bewußten Wolke sogar einen eigenen Namen; sie nannte sie Nephele.

Aber leider hielt sich der ebenso eitle wie dumme Ixion nicht an das ungeschriebene Gesetz: Ein Kavalier genießt und schweigt.

Überall erzählte er prahlend und unter Preisgabe pikanter Details von einem erfolgreichen Verhältnis mit der Göttermutter, bis es selbst dem abgebrühten Zeus zu dumm wurde.

Er fesselte den indiskreten Schwätzer auf ein Feuerrad und ließ ihn solange darauf umherrollen, bis er schließlich in der wohlverdienten Unterwelt landete.

Aber auch der Part, den Zeus selbst bei dieser heiklen

Angelegenheit spielte, ist nicht ganz klar. Denn nach anderen Berichten soll nicht Hera, sondern Zeus in eigener Person, die dubiose Wolke Nephele konstruiert haben, was dann entweder auf Verschleierung oder auf Kuppelei in Tateinheit mit Voyeurismus hinausliefe.

Wie dem auch sei – der gute Ruf der Hera war wieder einmal gerettet, und dem Zeus machten die umlaufenden Gerüchte nichts aus, weil sein guter Ruf sowieso nicht mehr zu retten war.

Bei den alten Römern hatte die griechische Hera als lateinische Juno noch einige zusätzliche Aufgaben und Beschäftigungen. Außer dem Pfau waren ihr auch die Gänse und die Krähen heilig, wobei es zweifelhaft ist, ob die vornehmen Pfauen mit dem anderen heiligen Geflügel näheren gesellschaftlichen Verkehr pflegten. Aber zum Ärger der Pfauen sind die Gänse der Juno nicht nur in die Mythologie, sondern auch in die Geschichte eingegangen.

Dieses denkwürdige Ereignis fand im Jahre 387 vor Christus statt. Damals führten die feindlichen Gallier ein großes, geheimes Kommandounternehmen gegen die Stadt Rom. Ihre Eliteeinheiten schlichen im Schutze der Nacht die Hänge des Kapitolhügels hinauf. Dort oben aber befand sich, neben anderen Staatsbauten, auch der Tempel der Juno, und durch dessen Höfe watschelten ständig mehrere Flottillen von Junos heiligen Gänsen.

Diese aufmerksamen Tiere bemerkten die herannahenden Feinde und brachen sofort in ein so unerträgliches Geschnatter aus, daß die – wie gewöhnlich schlafenden – Posten erwachten, zu den Waffen griffen und den Gegner siegreich vertreiben konnten.

Das Kapitol war gerettet; und jeder Mensch sollte sich dankbar daran erinnern, wenn er sich auf Martini oder zu Weihnachten vor einer gut gebratenen Gans niederläßt.

Juno hatte noch einen zweiten Tempel auf dem Kapitol, und zwar in ihrer Eigenschaft als »Juno Moneta«, was auf deutsch etwa »Juno, die warnende Mahnerin« heißt.

Weil sich nun neben diesem Tempel jene Staatliche Anstalt befand, in der die römischen Münzen geprägt wurden, ging Junos Beiname »Moneta« auf diese Münzstätte über und später auf das Geld ganz allgemein.

Daher haben bis heute die Briten und Amerikaner ihr »money«, die Italiener ihre »moneta« und die Franzosen ihre »monnaie«. Und wir Deutschen haben unsere »Moneten« — beziehungsweise, wir haben sie oft leider nicht. Oder nicht mehr. Jeder weiß inzwischen, daß bei einer so flüchtigen Materie wie Geld eine ernsthafte Warnung immer am Platze ist. »Juno Moneta« — die »Warnende Mahnerin« — ist wohl der treffendste Gottesbegriff, den die Antike erfunden hat, und es wäre sicher nützlich, wenn in den Finanzministerien der modernen Ersten, Zweiten und Dritten Welt je eine Statue der Juno errichtet würde. Möglichst gleich hinter dem Konferenztisch, an dem die Entscheidungen fallen. Und eine zweite, noch größere Statue der »Mahnerin« gehört in die Börsensäle und Bankfoyers.

Die Warnungen der »Juno Moneta« bezogen sich unvorsichtigerweise nicht auf den Monat Juni, der angeblich der Göttin geweiht ist. Im Juni wird, besonders in den englischsprechenden Ländern, fleißig geheiratet; und wie viele Warnungen dabei in den Sommerwind geschlagen werden, kann man an der nachfolgenden Scheidungsquote feststellen. Aber dafür war Juno als Beschützerin der Ehe natürlich nicht mehr zuständig. Auch eine Göttermutter kann nicht alles unter sich haben. Lassen wir sie also nunmehr in Frieden auf dem römischen Kapitol sitzen – beziehungsweise als griechische Hera auf dem Olymp – und jene Erscheinungen des Himmels und der Erde regieren, die in ihr Ressort fallen.

Wir nehmen inzwischen die Verwandtschaft ein wenig unter die Lupe.

3. Zeus & Geschwister

Hestia

Göttervater Zeus hatte, wie schon erwähnt, außer seiner Gattin Hera noch mehrere andere Geschwister.

Zum Beispiel die Hestia, die noch heute im Namen eines bekannten nordbayerischen Verlages fortlebt. Hestia gehörte zu den unglücklichen Kindern, die von ihrem Papa Kronos verspeist wurden, aber es gelang dann ihrem Bruder Zeus, sie aus dem väterlichen Magen wieder ins Leben zurückzuholen.

Hestia war die Göttin des Hauswesens. Besonders das Herdfeuer war ihr heilig. Die ewige Flamme auf dem Herd in ihrem Tempel zu Athen war sozusagen das Zentrum des Staatswesens. Wurde irgendwo eine neue Gemeinde gegründet, dann nahmen die Ansiedler stets einen Feuerbrand von Hestias Herd mit in die neue Heimat. Und wenn jemand einen Eid leistete – ein Sterblicher wohlgemerkt – dann schwor er beim Feuer der Hestia, so daß man sie auch die Göttin der eidesstattlichen Versicherungen nennen könnte.

Bei den alten Römern hieß sie Vesta, und unter diesem

lateinischen Namen ist sie allgemein berühmt geworden. Sie wurde bis weit ins vierte Jahrhundert nach Christus verehrt, und ihr römischer Tempel in der Nähe des Tiberflusses spielt heute noch eine bedeutende Rolle im Touristenverkehr.

Über ihre Priesterinnen – die Vestalinnen –, die das heilige Feuer zu hüten hatten, liefen während der Kaiserzeit allerlei pikante Gerüchte um, aber man weiß ja, daß in allen Weltstädten ununterbrochen geklatscht wird, besonders, wenn es sich um Persönlichkeiten handelt, die dem Hofe, dem Klerus oder sonstigen Regierungsgewalten nahestehen. In den alten Zeiten betrug die Anzahl der Vestalinnen sechs, und der Oberpriester – Pontifex Maximus genannt – rekrutierte sie nur aus den angesehensten Familien, und zwar schon im zarten Kindesalter.

Das war zwar für die beglückten Eltern eine hohe Ehre, für die Mädchen aber eine fade Angelegenheit. Die Dienstzeit betrug insgesamt dreißig Jahre, und während dieser ganzen Periode mußten sie jungfräulich bleiben. Blieb eine das nicht – beziehungsweise, ließ sie sich auf erotischen Abwegen erwischen –, so ging man ziemlich drastisch gegen sie vor. Sie wurde lebendig eingemauert oder begraben. Denn für die Unterhaltung der reinen Flamme der Vesta kämen nur keusche Mädchen in Frage – so glaubte man damals –, und diese Ansicht hat etwas für sich, da solche Mädchen nicht durch irritierende Liebschaften vom Nachschüren abgehalten wurden. Vielleicht kommt daher auch der Ausdruck »mit dem Feuer spielen«, obwohl das nicht bewiesen ist.

Jedenfalls, wenn das heilige Feuer auf dem Herd der

Vesta erlosch, dann war das schlimmer als eine moderne Regierungskrise. Es war ein unheilvolles Zeichen für den ganzen römischen Staat. Ein Zeichen, das eine unmittelbar bevorstehende Katastrophe ankündigte.

Die unglückliche Vestalin vom Dienst, die das Feuer hatte ausgehen lassen, wurde nicht eingemauert wie die Unkeuschen, sondern zur Abkürzung des Verfahrens vom Pontifex Maximus eigenhändig und öffentlich zu Tode geprügelt. Die gleiche Strafe erlitt übrigens ein vorwitziger Liebhaber, der eine Vestalin verführt hatte. Auch dann, wenn das Mädchen bei dem Unternehmen wohlwollend behilflich gewesen war. Nur die berühmte Vestalin Rea Silvia wurde verschont, obwohl sie trotz ihres Keuschheitsgelübdes Zwillinge gebar. Aber Rea Silvia hatte allerhöchste Protektion, denn der Vater war kein Geringerer als der Kriegsgott Mars.

Außerdem wurden diese Zwillinge – mit Namen Romulus und Remus – dringend gebraucht, um die Stadt Rom zu gründen. Daher hatte die leichtfertige Vestalin und gesetzwidrige Mutter Rea Silvia mildernde Umstände.

Die Priesterinnen lebten in einem eigenen, komfortablen Kloster auf dem Forum Romanum, in dem sogenannten »Atrium Vestae«, unter der Fuchtel einer Vorsteherin, die den erhabenen Titel »Oberste Vestalische Jungfrau« führte, und die – wie viele oberste ältere Jungfrauen – zur Strenge und Intoleranz neigte.

Viel Ausgang hatten die Mädchen nicht, aber wenn sie in der Öffentlichkeit erschienen, dann mußte ihnen jeder auf der Gasse ausweichen. Sogar Konsuln mußten beiseite treten und ihnen ehrfurchtsvoll Platz machen.

Grenzenlose Erleichterung und innerer Jubel befiel hingegen einen Schwerverbrecher, wenn er auf dem Weg zur Hinrichtung rein zufällig einer Vestalin begegnete. Dann wurde er nämlich automatisch begnadigt und mußte auf der Stelle freigelassen werden. Sozusagen ein göttliches Direktverfahren der Resozialisierung. Es ist daher verständlich, daß in Kriminellenkreisen mit besonderer Inbrunst an die Vestalinnen gedacht und ihnen geopfert wurde. Allerdings sollen sie – und dies stimmt mißmutig – bei den Gladiatorenkämpfen von ihren reservierten Plätzen aus häufig recht blutrünstige Zwischenrufe gemacht und die zarten Daumen nach unten gestreckt haben, bis so ein tödlich besiegter Profisportsmann dann auf der Bahre durch jene gefürchtete – der Todesgöttin Libitina geweihten – Pforte in das Spoliarium abtransportiert wurde, wo er, wie der Name andeutet, ein »Raub« wurde, und zwar des Schattenreiches. Auf deutsch würde man ganz unpoetisch »Leichenkammer« sagen. War das Spektakel vorbei, so erhob sich rechtzeitig die vestalische Ablösung, um im Rathaus die heilige Flamme des Staatsfeuers – genauso wie im Tempel zu Athen – weiter zu hüten. Ohne noch irgendeinen Gedanken an den gefällten Gladiator zu verschwenden.

Man sieht also: Jungfräulichkeit ist nicht immer eine Garantie für Sanftmut.

Poseidon

An Sanftmut mangelte es meist auch einem höchst einflußreichen Bruder des Zeus, dem meerbeherrschenden Poseidon, von den Römern Neptunus genannt.

Heutzutage ist er seiner göttlichen Funktionen natürlich enthoben, aber zum Ausgleich seines Budgets ist er schlauerweise rechtzeitig ins Showgeschäft eingestiegen. Er hat feste Engagements bei verschiedenen Schiffsreedereien und wird besonders bei Kreuzfahrten und anderen Musikdampferreisen zur obligaten Äquatortaufe eingesetzt.

Neptun – wie er jetzt in deutschen Touristenkreisen allgemein heißt – hat dann mit drohendem Dreizack und flatterndem Wattebart dafür zu sorgen, daß kein Sterblicher den Dreck der nördlichen Halbkugel auf die südliche hinüberschleppt. In umgekehrter Richtung ist ihm die Sache schnurz und piepe.

Für die täuferische Oberaufsicht stehen ihm anschließend an der Schiffsbar mehrere Whiskys on the rocks zu und auch die Assistenz eines Stewards, falls er anschließend nicht mehr mit eigener Kraft den Absprung in seinen unterseeischen Palast schaffen sollte – was der Verfasser gelegentlich beobachten konnte.

Für den Bewunderer der Macht und Größe antiker Götterwelt ein wahrhaft beschämendes Schauspiel. Den Beherrscher der Meere wegen solcher besonderer Vorkommnisse Nepp-tun zu nennen, ist jedoch ungerecht.

Nun war dieser ursprünglich rein griechische Poseidon in allerältester Zeit vermutlich gar nicht seebefahren, sondern eine ausgesprochene Landratte – mit hoher Wahrscheinlichkeit ein Hirtengott. Besonders verehrt wurde er im Inneren von Thessalien und im idyllischen Arkadien in der Mitte des Peloponnes.

Man pflegte hier gute alte Sitte und friedfertige Ordnung. Gerade Arkadien wurde von vielen Literaten als ein Ort beschaulicher Ruhe gerühmt, und diese liebliche, schlichte Gegend spielte bis hin zur Schäferpoesie viel späterer Zeiten eine bedeutende Rolle. Noch der rheinische Wahlpariser Jacques Offenbach läßt seinen ehemaligen Prinzen von Arkadien in den Tiefen der Unterwelt wehmütig von der verlorenen Heimat singen.

Auf diesem sanften Gelände also, regierte Poseidon über die Herden. Aber nicht in erster Linie über die frommen Schafe und munteren Ziegen, als vielmehr über die robusten Rinder und die schnellen Pferde. Die Rösser waren sogar seine ausgesprochenen Lieblingstiere, und als es dann zur Teilung der weltlichen Gewalten kam und dem Poseidon die Herrschaft über die Meere und sonstigen Gewässer übertragen wurde, da nahm er die ihm heiligen Pferde mit in seine Unterseeburg, wo er mit seiner Gattin Amphitrite – einer Tochter seines Admirals der maritimen Untergötter mit Namen Nereus – residierte.

Diese Amphitrite wurde von den Römern recht unpoetisch Salacia genannt, die »Salzige« oder »Die salzig Dahinfließende«.

Die Dame führte übrigens ein sehr angenehmes Leben. Entweder lag sie auf ihrem Wasserbett – oder sie glitt in ihrem nach Maß angefertigten Muschelfahrzeug durch Tiefen und Untiefen oder über die glatte See.

Wo der Herr Gemahl erschien, ging es meistens rauhbeiniger zu. Er liebte es, mit seinem Dreizack – der riesigen Nachbildung einer alten Harpune – das Meer aufzuwühlen, und war das erreicht, dann jagte er mit seinen Rossen wie ein antiker Wagenlenker darüber hin. Noch heute nennt man die weißen, überschäumenden Wogenkämme »Poseidons – oder Neptuns – weiße Rosse«.

Die englischsprechenden Seeleute sagen dazu »White Horses«, was aber nichts mit dem Whisky zu tun hat, den der Äquatortaufen-Neptun an der jeweiligen Schiffsbar – neben anderen Marken – eingeschenkt bekommt.

Mit seinem gefürchteten Dreizack konnte Poseidon auch an Land allerlei Schabernack treiben – zum Beispiel Erdbeben hervorrufen und ganze Felsformationen auseinanderhauen. Daher nannte man ihn auch ehrerbietig und ängstlich den »Erderschütterer«.

Man könnte sagen: Wo Poseidon mit dem Dreizack hinschlug, da wuchs kein Gras mehr. Aber manchmal – wenn er gerade in guter Stimmung war – sprudelte an dieser Stelle plötzlich ein Bächlein hervor. Und so etwas kann der umsichtige Ackerbauer und Viehzüchter ja immer brauchen.

Weil Poseidon als Meeresgott selbstverständlich auch die Fischer und Matrosen unter sich hatte, baute man ihm überall in Küstennähe aufwendige Tempel.

Die meisten Italienurlauber, die sich über Neapel hinaus südwärts wagen, kennen sicher den berühmten Poseidon-Tempel zu Pästum, das einst Poseidonia hieß und von jenen raffinierten griechischen Lebenskünstlern gegründet wurde, die nach ihrer italienischen Kolonie Sybaris mit unverhohlenem Neid »Sybariten« genannt wurden und die wegen verschiedener dekadenter Praktiken, luxuriöser Gewohnheiten und totaler körperlicher Naschhaftigkeit in die internationalen Sprichwörtersammlungen eingegangen sind. Aber das interessiert nur am Rande.

Dem Poseidon waren außer den schnellen Rössern auch noch die klugen Delphine heilig und – unter den Bäumen – die Fichten.

Dem Schüler, der sich – meist zu seinem Leidwesen – mit Schillers Ballade »Die Kraniche des Ibykus« abzugeben hatte, kommt da sofort der einschlägige Vers ins Gedächtnis:

> »Schon winkt auf hohem Bergesrücken
> Akrokorinth des Wandrers Blicken
> Und in Poseidons Fichtenhain
> Tritt er mit frommem Schauder ein.«

Mit frommem Schauder! Denn mit dem Beherrscher der sieben Meere war in der Tat nicht zu spaßen. Besonders dann nicht, wenn er dem ihm unterstellten Windgott Aeolus befahl, ein Sortiment von Stürmen aller Preislagen loszulassen. Aber selbst Poseidon in seiner schlechtesten Laune war nicht halb so gefürchtet – und schon gar nicht so verhaßt – wie ein anderer Bruder des Zeus, Hades mit Namen.

Dieser düsteren Persönlichkeit wenden wir uns nunmehr – wenn auch mit Abscheu – zu.

Hades

Hades war der Gott der Unterwelt – Herrscher im Schattenreich der abgeschiedenen Seelen.

Hades war aus Prinzip mißmutig, aber das kann ihm niemand verdenken, denn bei der Teilung der Welt hatte er das schlechteste Los gezogen und nur die unterirdischen Gebiete zugeteilt bekommen.

Dort gab es keinerlei Vergnügungen – post mortem nulla voluptas, wie der Lateiner später so richtig sagte –, denn wer dorthin gelangte, war mausetot und strich nur noch als teilnahmsloses Gespenst durch die düsteren Fußgängerzonen.

Damit der Verstorbene ja nicht wieder zurückfand auf die lichte Erdoberfläche, mußte er beim Eintritt in sein zukünftiges Altersheim mehrere Flüsse überqueren.

Das Übersetzmonopol hatte ein alter mürrischer Fährmann namens Charon. Dieser Kahnbesitzer muß über Jahrtausende hin ein sattes Geschäft gemacht haben, denn von jedem Toten, den er beförderte, erhielt er eine Münze, den sogenannten Obolus.

Wenn nun die schluchzenden Angehörigen den Verstorbenen in seinen Sarkophag legten, dann steckten sie ihm diesen Obolus in den Mund, damit er ihn ja nicht verlöre. Runterschlucken konnte er ihn ja nicht.

Sarkophag – unser schönes Wort »Sarg« kommt daher –, Sarkophag hieß auf griechisch: »Das Fleisch verzehrend.« Man verwendete nämlich zur Konstruktion dieses letzten Gehäuses einen ganz bestimmten Stein, von dem die damaligen Experten glaubten, er ließe alles Fleischliche in ungefähr vierzig Tagen verwesen.

So weit – so gut. Nur trauen die Juristen unter den Altertumsforschern der Sache mit dem Obolus nicht so ganz. Sie glauben nämlich nicht, daß diese relativ kleine Münze wirklich für den Fährmann Charon bestimmt war – auch wenn er sie per saldo einkassierte. Sie vermuteten dahinter einen abgefeimten juristischen Trick der lachenden Erben.

Wenn nämlich – wie sämtliche zuständigen Priester glaubhaft versicherten – der Tote im Schattenreich des Hades, wie auch immer, weiterlebte, dann war er ja eigentlich nicht gestorben. Und wenn er nicht gestorben war, dann konnte man ihn auch rechtlich nicht beerben.

Man hätte ihm also seinen gesamten Besitz einschließlich seines Barvermögens in die neue Heimstätte mitgeben müssen, wo es sich dann wahrscheinlich Hades unter den Nagel gerissen hätte.

In dieser Zwangslage einigten sich die Erben oberirdisch auf eine symbolische Akontozahlung – und das war in Wahrheit jener Obolus. Den Rest des Vermögens konnte man dann – nach den üblichen Streitereien – untereinander verteilen.

Die Flüsse, die der Hingeschiedene zu überqueren hatte, hießen Acheron, Kokytos, Lethe, Pyriphlegéton und Styx.

Der Acheron, den es in Epirus unter dem Namen Phanariótikos heute noch tatsächlich gibt, hatte sich bei Zeus unbeliebt gemacht, weil er die Titanen bei ihrem Sturm auf die Himmelsburg mit Trinkwasser versorgte. Zeus strafversetzte ihn in die Unterwelt, die er fortan als Schlammstrom umfließen mußte.

Der Kokytos hatte auch keinen besseren Ruf. Er hieß »Fluß der Wehklagen«.

Dieses Wehklagen der Verstorbenen hörte indessen auf, sobald sie den Fluß Lethe hinter sich hatten. In den Wassern der Lethe – der Fluß ist weiblich – tranken sie nämlich Vergessenheit. Das ganze Erdendasein wurde ihrem Gedächtnis entrückt, sie beschäftigten sich mit nichts mehr und wurden eben »lethargisch«.

Der Name des nächsten Flusses – Pyriphlegéton – bedeutet auf deutsch soviel wie »Der in Feuer Gehüllte« oder »Der Feuerflammende«. Vielleicht ist das so eine Art altgriechisches Fegefeuer gewesen, aber – wie ein Alt-Münchener Original zu sagen pflegte: »Nichts Gewisses weiß man nicht!«

Schließlich gab es noch die Styx. Auch dieser Fluß ist weiblichen Geschlechtes. Die Styx war eine Göttin, die älteste Tochter des weltumspannenden Urstromes Okeanos – bei den Römern Oceanus –, der uns die Ozeane geliefert hat.

Dieser Okeanos war ein Titan, aber als seine Geschwister sich gegen Zeus auflehnten und den Olymp zu erobern suchten, machte Okeanos nicht mit und wurde deshalb auch nicht, wie die anderen Titanen, in den Abgrund des Tartaros geworfen.

Seine Tochter Styx beteiligte sich sogar aktiv auf seiten der Götter und half ihnen, wo sie nur konnte. Sie wurde dafür mit einem ehrenvollen Titel belohnt und von Zeus zur Göttin der unauflöslichen olympischen Eide ernannt. Die Himmlischen besiegelten ihre Schwüre mit der Anrufung ihres Namens, und wenn irgendein Heros, der zur

Göttertafel eingeladen war, einen der hohen Herren eine Sache »bei Styx« bekräftigen hörte, dann konnte er einigermaßen sicher sein, daß es sich um einen heiligen Eid handelte, beschworen unter Berufung auf die höchste Instanz.

Wenn man den Dichtern glaubt, so erschallten die olympischen Hallen von unaufhörlichem Lachen, von dem sprichwörtlichen »homerischen Gelächter«.

Zweimal – einmal in der »Ilias« und einmal in der »Odyssee« – erwähnt der blinde Sänger das »unauslöschbare Gelächter der Götter«. Demnach müssen sie sich auf ihrem Olymp doch recht wohl gefühlt haben, trotz der ewigen Intrigen – und vermutlich wird auch Hera mitgelacht haben, es sei denn, ihr Zeus war gerade wieder einmal als Schwan, Stier, Drache oder Goldregen zu einem hübschen Erdenmädchen unterwegs. Nur der stets grimmige Hades hatte wahrscheinlich in seiner tristen Unterwelt nichts zu lachen.

Weder die Götter noch die Menschen konnten ihn leiden. Er war absolut kontaktarm, um nicht zu sagen frustriert. Sogar seine teure Gattin, die Persephone, hatte er sich rauben müssen. Sie war eine Tochter des Zeus und der Demeter, und ihr Hobby waren Blumen aller Art.

Als sie einst allein zum Blumenpflücken ausgezogen war, nützte der finstere Hades diese Chance und schnappte sich die verlockende Beute.

Einmal unter der Erde angelangt, gab es keinen Weg zurück. So dachte wenigstens Hades.

Aber er hatte nicht mit der Mutterliebe der Demeter gerechnet. Diese ließ sich von dem feuerspeienden Vulkan

Ätna zwei riesige Leuchtfackeln geben – nach anderer Darstellung nur einen einzigen Feuerbrand – lief überall herum und suchte ihr Kind mit größter Ausdauer. Leider suchte sie die verlorene Tochter nur in der oberen Welt, weil sie natürlich der Meinung war, die unvorsichtige Persephone hätte sich beim Blumensuchen nur irgendwohin verlaufen. An eine Entführung dachte sie nicht im entferntesten.

Schließlich konnte der Sonnengott Helios ihr zweckloses Umherirren nicht mehr mitansehen. Da das Tagesgestirn seine Mutter war und ihm daher nichts unter der Sonne verborgen blieb, wußte er natürlich auch, wer die Persephone geraubt hatte. Er verriet den ihm sowieso verhaßten Hades, und Demeter rannte spornstreichs zu ihrem brüderlichen Liebhaber Zeus und beschwerte sich in den höchsten Tönen über den Entführer – Persephones Onkel, ihren Schwager und gemeinsamen Bruder.

Wie schon mehrfach erwähnt, waren die göttlichen Familienverhältnisse im alten Griechenland von einer nicht zu überbietenden Kompliziertheit. Selbst die progressivste moderne Zivilrechtsreform wäre da hoffnungslos von einem Paragraphendschungel in den anderen geraten.

Zeus war zwar erzürnt – ließ sicher auch ein paar Blitze fahren –, konnte aber gegen Hades direkt nichts unternehmen, denn dem war ja nun einmal die Unterwelt als Hoheitsgebiet zugeteilt worden.

Aber wozu war Zeus schließlich Vater der Götter und Menschen? Also verfiel er auf den einfachen Trick, eine alte Regel zu verfeinern – so wie es ihm in den Kram paßte.

Töchterlein Persephone war ja kein abgeschiedener Geist, sondern eine lebendige, taufrische Göttin. Ehe sie nicht am neuen heimischen Herd eine Mahlzeit zu sich genommen hatte, konnte sie Hades nicht für seinen Haushalt reklamieren. Gestützt auf dieses Brauchtum, befahl der Göttervater dem finsteren Bruder Hades, das Mädchen sofort wieder an die Oberfläche zu befördern.

Aber Bruder Hades war mindestens genauso schlau wie Bruder Zeus. Er hatte der Persephone nämlich, kaum daß sie im Schattenreich untergetaucht waren, einen Side angeboten, auch Rhoa genannt – einen Granatapfel also –, und wenn eine Frau den annahm, dann bedeutete das nach damaliger Sitte nicht nur die Bereitschaft zur Liebe, sondern auch zur Ehe.

Wahrscheinlich war Persephone vom Blumenpflücken hungrig – jedenfalls biß das dumme Mädchen in den Apfel – und Zeus konnte nichts mehr machen.

Interessanterweise ist es dem Adam im Paradies genau umgekehrt ergangen. Dort reichte ihm Eva die Granate – die seitdem durch Jahrtausende in immer neuen Ehen und Liebschaften explodiert.

Zeus verlegte sich nunmehr aufs Verhandeln und erreichte immerhin durch seine diplomatische Geschicklichkeit, daß Töchterchen Persephone wenigstens eine gewisse Zeit im Jahr – einige antike Schriftsteller sprechen von sechs, einige gar von neun Monaten – auf der Oberfläche verbringen durfte. Sicher nicht nur, um Blumen zu pflücken.

Die Römer nannten später die Persephone »Proserpina« und den Hades »Pluto« oder »Orcus«.

Die Bezeichnung Pluto war eigentlich nichts völlig Neues, denn die alten Griechen hatten den Hades zusätzlich mit dem Namen »Pluton« ausgestattet, und auf das eine kleine »n« kam es ja nicht so sehr an. Man darf ihn jedoch nicht mit Plutos verwechseln, einem Sohn der gebärfreudigen Demeter.

Plutos galt als der Gott des Reichtums, und wenn man früher mancherorts den Begriff »Plutokratie« las, dann war damit eine Herrschaft der Reichen gemeint — der »Plutokraten«. Heute nennt man diese Leute Kapitalisten, aber es läuft praktisch auf das gleiche hinaus. In beiden Fällen kann man sein eigenes Geld verlieren und auch das jener Leichtgläubigen, die es einem anvertraut haben.

Aber auch der Name Pluton hängt mit dem Begriff Reichtum zusammen, und deshalb hätte eigentlich auch der chronisch mißmutige Hades von Zeit zu Zeit in das homerische Freudengelächter der anderen Götter einstimmen können, dann nämlich, wenn er sich seine unterirdischen Bodenschätze besah.

Was da allein an kostbaren Erzen lag, ganz zu schweigen von dem Erdöl unter der Ägäis.

Das alles hätte den Hades-Pluton zu einem antiken Ölscheich gemacht, zu einem schwerreichen Großunternehmer oder wenigstens zum Aufsichtsratsvorsitzenden einer prosperierenden Aktiengesellschaft.

Aber wie es so geht — seine Untertanen, die Schatten der Abgeschiedenen, die aus dem Fluß Lethe Vergessenheit getrunken hatten, waren an nichts mehr interessiert und daher nicht einmal als Kleinaktionäre oder Abschreibungsopfer zu gebrauchen.

Und Hades selbst, in seiner Eigenschaft als Gott, hatte es nicht nötig. Außerdem mußte er seine Sitzungen mit den drei Totenrichtern Minos, Aiakos und Rhadamanthys abhalten und auch sonst noch allerlei tun, um das Leben in der Unterwelt unangenehm zu gestalten.

Da war seine Schwiegermutter Demeter, die Zeusschwester, der wir uns jetzt zuwenden, schon eine sympathischere Person.

Demeter

Die alten Römer nannten die griechische Demeter »Ceres«, und sie war sowohl bei ihnen wie auch bei den alten Griechen auf Landwirtschaft spezialisiert.

Während ihrer langwierigen und geheimen Suche nach ihrer Tochter Persephone hatte die Demeter, als alte Frau verkleidet, eine gewisse Zeit als Gast des Königs Keleos in Eleusis zugebracht.

Dieser Keleos muß irgend etwas geahnt haben, sonst hätte er die unbekannte ältere Dame sicher nicht solange kostenfrei beherbergt. Demeter revanchierte sich. Vor ihrer Rückkehr in den Olymp schenkte sie ihren Gastgebern etwas sehr Wertvolles, nämlich den Getreidesamen. Außerdem sandte sie einen freundlichen Dämon namens Triptolemos in die Welt hinaus, um überall nach ihren Methoden und Anweisungen die Aufzucht von Feldfrüchten zu lehren und zu betreiben. Als Dank stiftete man ihr – und ihrer Tochter Persephone – zu Ehren die Feste der Eleusinischen Mysterien, die einen der berühmtesten Geheimkulte darstellten.

Demeter war aber nicht nur die Göttin des Ackerbaus und Schutzherrin aller damaligen »Grünen Pläne«. Ihr unterstanden auch alle Formen des bürgerlichen Zusammenlebens, also sozusagen Law and Order, bis weit hinein in die sozialen Bereiche. Wenn nicht gerade der allmächtige Zeus oder andere mehr oder weniger zuständige Götter und Göttinnen diese delikaten Zusammenhänge in Unordnung brachten, was leider zuweilen geschah.

Seit den Zeiten Homers hatte Demeter die Planstelle der Gaia eingenommen – der Mutter Erde.

Demeter muß außerordentlich praktisch veranlagt gewesen sein, denn sie brachte den Menschen eigenhändig das Pflügen bei. Als Staatssekretärin im Ernährungsministerium wäre sie heute unbezahlbar.

Den Bürgern von Athen schenkte sie in der Güte ihres Herzens einen Feigenbaum, der sofort heiliggesprochen wurde, und an dem – da er an der Straße nach Eleusis stand – die eleusinische Prozession jedesmal feierlich Rast machte.

Es gab bei dieser Gelegenheit allerlei Kurzweil, und man gedachte mit einem kleinen historischen Scherzspiel auch des Dienstmädchens Iambe, das einst seine tieftrauernde Herrin Demeter durch flotte Späße zu zerstreuen suchte. Demeter litt, wie wir wissen, damals an schweren Depressionen, weil sie ihre entführte Tochter Persephone nirgends finden konnte.

Die alten Griechen dachten sich eben ihre Götter nicht nur göttlich, sondern auch sehr menschlich. Sie lieferten sie nicht dem unerbittlichen Zwang aus, unfehlbar zu sein und immerfort nur Gutes zu tun. Sie waren davon überzeugt, daß auch die Unsterblichen – genauso wie die Sterblichen – gelegentlich in Wut gerieten, und daß man sie dann durch Opfer versöhnen konnte.

Sie nahmen Mord und Totschlag, Blutschande und Vergewaltigung, Entführung und Raub in Kauf – wenn auch nicht billigend –, weil sie als vom Instinkt geleitete Psychologen der Meinung waren, daß es im Himmel nicht anders zugeht als auf der Erde. Sie waren eben Heiden.

4. Göttliche Söhne und Töchter des Zeus

Nun, das ist ein Kapitel für sich.

Zunächst einmal bedarf es der Unterstreichung des Begriffes »göttlich«.

Wir werden später noch Gelegenheit haben, uns mit den zahllosen anderen Nachkommen des unermüdlichen Göttervaters zu beschäftigen. Wenn auch nur mit einigen von ihnen, denn alle zu erfassen, ist vermutlich nicht einmal den antiken Schriftstellern gelungen.

Bei Zeus ist in diesem Punkt mit einer hohen Dunkelziffer zu rechnen. Halten wir uns also möglichst an die überlieferten Tatsachen.

Eine der Ältesten in der olympischen Familie ist die Artemis.

Deshalb beschäftigen wir uns auf den folgenden Seiten zunächst einmal mit ihr.

Artemis

In der Artemis verkörperte sich nach Ansicht der alten Griechen die jungfräuliche Natur der Berge und Wälder, Wiesen und Haine.

Infolgedessen blieb es auch ihr selber nicht erspart, jungfräulich zu bleiben und auf alles das zu verzichten, was bei erfahrenen Mädchen sowieso, nach Ablauf einer gewissen Zeit der Praxis, geteilte Meinungen hervorruft.

Zeus hatte sie mit der Titanentochter Leto gezeugt. Diese Leto war – wenn man verschiedenen Sagenkolporteuren glauben kann – seine erste Gattin, lange bevor er seine Schwester Hera ehelichte.

In den ältesten Zeiten galt Artemis als eine höchst widerwärtige Person, der man jede Art von bösem Zauber zutraute. Man raunte untereinander, sie sei mit geheimnisvollen Kräften im Bunde und gebiete über die zerstörerischen Mächte des Abgrundes. Trat irgendwo eine verheerende Seuche auf und »raffte«, wie es so wirkungsvoll heißt, Tausende dahin, dann war immer die Artemis schuld.

Starb ein wichtiger Mensch, beispielsweise ein Funktionär, plötzlich – dann war das natürlich ihr Werk. Vor allem, wenn es sich um weibliche Würdenträger handelte.

Schließlich galt sie in manchen Kreisen als Todesgöttin schlechthin. Dem weiblichen Geschlecht, auf das sie es besonders abgesehen hatte, brachte sie den Tod mit Pfeil und Bogen, die sie genauso hervorragend handhabte wie ihr Zwillingsbruder Apollon, mit dem zusammen sie auf Delos, einer der Kykladeninseln, geboren worden war.

Artemis bekam im Laufe der Zeit noch verschiedene andere Funktionen. Sie wurde eine Hochzeitsgöttin und eine Göttin der Entbindung, die auch dann helfend eingriff, wenn es vorher zu keiner Hochzeit gekommen war.

Den Seeleuten verhieß sie eine gute Reise. Später wurde sie auch noch mit der Selene, der alteingesessenen Mondgöttin, gleichgesetzt. Nach und nach verlor sie ihre unsympathischen Züge und verzichtete sogar auf die Menschenopfer, die sie früher gelegentlich zu verlangen pflegte. Schließlich galt sie hauptberuflich als Göttin der Jagd. Die Hirschkuh war ihr fortan heilig.

Auch außerhalb Griechenlands wurde die Artemis verehrt. Vermutlich verschmolz ihr Kult mit dem anderer hoher Damen in auswärtigen Gefilden. Ihr Tempel zu Ephesos, nicht weit vom heutigen Izmir in der Türkei, war so prächtig ausgestattet, daß er zu den sieben Weltwundern der Antike gezählt wurde.

Ein stadtbekannter Größenwahnsinniger namens Herostratos, legte im Jahre 356 vor Christi Geburt Feuer und brannte den Tempel nieder, um durch diese Untat weltweite Publicity zu erlangen.

Es ist ihm leider geglückt. Noch heute sind dieser Kerl und sein verbrecherisches Herostratentum sprichwörtlich.

Aber in unserer Zeit würde der Brandstifter sicher mildernde Umstände wegen verminderter Zurechnungsfähigkeit erhalten und sein künftiges Leben in einer mehr oder weniger geschlossenen Abteilung einer idyllisch gelegenen Heilanstalt verbringen. Selbst wenn er den Kölner Dom oder Notre-Dame de Paris niedergebrannt hätte. Unsere Zeit ist humaner und gibt nicht mehr viel auf Weltwunder.

Übrigens, wenn Sie einmal im Urlaub nach Ephesos kommen, dann besuchen Sie unbedingt das sehenswerte archäologische Museum. Sie finden dort mehrere Artemisstatuen, darunter zwei weltberühmte. Eine stellt die Artemis mit hoher Krone dar – in ihrer Eigenschaft als Schutzherrin der Stadt –, die andere zeigt sie als Göttin der Fruchtbarkeit. Beide sind mit einer beträchtlichen Anzahl von Brüsten modelliert. Wenn man sich die Mühe macht – und die Abgebrühtheit hat – nachzuzählen, während die übrigen Touristen einem dabei grinsend zuschauen, dann kommt man auf ungefähr fünfundzwanzig Stück per Statue. Womit die Fruchtbarkeit schlagend bewiesen ist.

In Griechenland sah die Artemis weniger unförmig aus. In leichtem Gewande, Bogen und Pfeilköcher über der Schulter, durchstreifte sie – begleitet von einem Gefolge hübscher Nymphen – Berg und Tal, Wald und Hain, Wiese und Feld und badete mit Vorliebe nackt in versteckten Grotten, Quellen und Teichen.

Die alten Römer nannten die Artemis »Diana«, setzten sie ebenfalls ihrer früheren Mondgöttin gleich und stellten sie daher oft mit einer schmalen Mondsichel auf dem Haupte dar.

Artemis-Diana hat einen festen Platz in der großen europäischen Malerei und Bildhauerkunst. Wenn Sie also in einem Museum das Bild eines spärlich bekleideten Mädchens mit einer Mondsichel auf der Frisur erblicken, dann wissen Sie gleich, wen Sie vor sich haben.

Meister wie Tizian und der große Flame Peter Paul Rubens beschäftigten sich oft und gern mit dem Thema, besonders mit den Badeszenen. Denn Artemis-Diana – wie auch ihre Nymphen – galten als köstlich gewachsen. Rundherum eine Augenweide! Sehr beliebt bei den Malern ist auch der Krach, den Artemis-Diana ihrer unglücklichen Freundin Kallisto machte.

Dieses hübsche Mädchen war die Tochter Lykaons, des Königs von Arkadien, einer Gegend, in der sich Diana besonders gern aufhielt und wo man ihr infolgedessen – wie das ja immer prominenten Stammgästen gegenüber geschieht – größte Verehrung entgegenbrachte.

Diana nahm die Kallisto in das Gefolge ihrer ständigen Gespielinnen auf und erwartete natürlich, daß sie die vorgeschriebene Satzung – insbesondere die strengen Gebote der Keuschheit– wie alle anderen peinlichst beachtete.

Aber was tat diese unverantwortliche Person? Sie fing einen heftigen Flirt an. Ausgerechnet mit dem Göttervater Zeus, der es wieder einmal nicht lassen konnte.

Nun muß man zur Entschuldigung der Kallisto anführen, daß – hatte Zeus einmal sein olympisches Kennerauge auf eine wohlgeformte Schönheit geworfen – es äußerst schwierig war, ihm ungerupft zu entwischen. Der Alte verstand – wie die meisten älteren Herren – in diesen Dingen keinen Spaß. Und stieß, wie einer seiner heiligen Adler, sofort zu. Kallisto versuchte verzweifelt, die Affäre zu vertuschen, und trug eigens wallende Gewänder, aber bei den üblichen Badespielen ließ sich ihre Schwangerschaft auf die Dauer nicht verleugnen.

Der keuschen Diana und den keuschen Nymphen blieben die andern Umstände nicht verborgen. Der Skandal war da.

Tizian hat die Enthüllungsszene in einem berühmten Gemälde für die interessierte Nachwelt festgehalten.

Diana geriet – kaum hatte sie den Fehltritt entdeckt – in feministische Wut, verbündete sich mit der ebenfalls aufgebrachten Hera-Juno und verwandelte zusammen mit dieser in konzertierter Aktion die arme Kallisto in eine Bärin.

Dann veranstaltete Diana mit ihrem Bogen so lange Schießübungen auf die Unglückliche, bis sie ihren Bärengeist aufgab.

Zeus, offenbar geplagt von einem leichten Anflug schlechten Gewissens, versuchte die Sache zu mildern, indem er Kallisto – zusammen mit dem gemeinsamen Sohn Arkas – als Stern Arktur an den Nachthimmel versetzte.

Diese Praxis ist bis in die Jetztzeit erhalten geblieben. Auch heutige Potentaten pflegen sowohl Verdienst wie auch erlittenes Unrecht anderer durch die nachträgliche Verleihung von Sternen abzugelten, von Ordenssternen in diesem Falle.

Wenn man es genau betrachtet, so ändert sich im Grunde überhaupt nie etwas.

Artemis-Diana scheint in jeder Hinsicht ein Herzchen gewesen zu sein. Wenn man das Bild des großen französischen Rokoko-Malers François Boucher »Diana im Bade« betrachtet – der Pariser Louvre besitzt es –, dann traut man dieser Göttin zwar allerlei erotische Raffinessen zu, die mit ihrer ständig propagierten Keuschheit keineswegs im Einklang stehen, aber doch keine derartigen Grausamkeiten gegen ihre Gespielinnen.

Aber so konnte man sich schon im Altertum in den Frauen täuschen. Gegen Männer war Artemis-Diana übrigens noch weitaus widerlicher. Nehmen wir den Fall Aktaion.

Das war ein junger Jäger – vermutlich ein Wilderer, wenn es diese Bezeichnung damals schon gab –, der mit seinen Hunden freiweg durchs Gelände zog und vermutlich Lieder sang wie »Ich schieß den Hirsch im wilden Forst« und so weiter.

Plötzlich geriet er an eine abgelegene Stelle, wo Diana mit ihren Nymphen ungeniert in einem Quellteich badete.

Nun waren die Männer damals noch nicht durch die oft betrüblichen Anblicke abgebrüht, die sich an sogenannten FKK-Stränden dem entsetzten Auge bieten.

Aktaion pirschte sich also leise heran und betrachtete voller Wohlgefallen die göttlichen Wunder der Natur, die ihm da vorgeführt wurden. Man fand dafür später den diskreten Ausdruck: »Er belauschte Diana im Bade.«

Nun, seine Ohren werden nicht die Hauptrolle gespielt haben.

Gleichviel – Diana merkte es, schrie Zeter und Mordio, die Nymphen schnappten sich den geheimen Beobachter, und Diana verwandelte ihn kraft ihres göttlichen Amtes auf der Stelle in einen Hirsch. Und unmittelbar danach ließ sie ihn von seinen eigenen Hunden zerreißen. Auch diese Szene haben berühmte Maler mit geradezu sadistischer Genauigkeit häufig dargestellt.

Wie man überhaupt konstatieren kann: Ohne die griechisch-römische Götterwelt wären die Künstler der Antike, der Renaissance, des Barock, des Rokoko und selbst späterer Epochen an den Fürstenhöfen auf keinen grünen Zweig gekommen. Nur dicke Herrscher und säuerliche Prinzessinnen zu porträtieren – das wäre keine Lebensaufgabe gewesen. Das Ewig-Klassische zog sie hinan!

Apollon

Dieser Zwillingsbruder der Artemis galt als der schönste Gott der alten Griechen, und sogar die alten Römer gaben das zähneknirschend zu. Sie ließen ihm sogar seinen Namen und strichen nur das »n«. Der Begriff »Apollinische Natur« – die beschauliche Hinwendung zum Schönen – lebt noch heute, besonders seit den Tagen Nietzsches, im philosophisch-belletristischen Schrifttum.

Auch der schöne Apollon war ursprünglich ein Hirtengott. Aber man war inzwischen in der Entwicklung schon weiter fortgeschritten. Die Hirten übernachteten mit ihren Herden nicht mehr wahllos im freien Gelände, sondern sie errichteten Hürden, um sich und ihre Tiere zu schützen. Anfänge also von festen Hirtensiedlungen. Man wurde seßhaft. Hürde heißt im Griechischen »Apella«, und über den Begriff »Apellon« entstand dann »Apollon«, nicht nur ein Herden-, sondern ein Hürdengott.

Inmitten seiner Hürden blies er die Hirtenflöte, oder er ließ seine wohlklingende Stimme zu eigener Kitharabegleitung erschallen. So wurde er zusätzlich zum Gott der Musik und des Gesanges.

Wie viele damalige Hirten – und heute noch manch alter Schäfer – konnte er Wunden versorgen und mit allerlei Naturheilmitteln Krankheiten kurieren, so daß man in ihm auch einen Gott der heilenden Kräfte sah.

Überhaupt ist die Schauseite seines Wesens bezaubernd, licht und freundlich. Klar wie der Tag ist seine Weisheit; er konnte in die Zukunft blicken, und uneigennützig verlieh er den einheimischen Sehern diese Gabe der Weissagung.

Deshalb wurde er besonders in Delphi verehrt, wo ein berühmter Apollo-Tempel stand und die orakelnde Pythia auf ihrem legendären Dreifuß über Erddämpfen saß und im Trancezustand den Gott Apollon befragte. Er antwortete dann durch ihren Mund. Aber meist höchst unklar, so daß seine Priester sich hinterher – ganz gleich wie die Sache ausgefallen war – immer herausreden konnten.

Wegen seiner strahlenden Erscheinung wurde Apollon auch zum Gott des Sonnenlichtes. Er liebte bunte Hyazinthen, und der Lorbeer war ihm heilig.

Dieser letztere Umstand kam einer Nymphe namens Daphne sehr zustatten. Das hübsche Mädchen hatte die wohlwollende Aufmerksamkeit des Apollon erregt, der als echter Zeussohn für weibliche Reize überaus empfänglich war und nun der Daphne mit der gleichen Zielstrebigkeit, die wir von seinem Herrn Papa gewohnt sind, den Hof machte. Er ging so weit, sie wie eine Hochleistungssportlerin durch Wälder und Auen zu jagen.

Die arme Daphne, die von Apollon trotz seiner anerkannten Schönheit nichts wissen wollte, rannte und rannte und hatte bereits mehrere olympische Rekorde gebrochen, als Apollon sie schließlich doch einholte. Nun sprach alles dafür, daß die letzte Minute ihrer Unschuld gekommen sei, aber Daphne wandte sich in jungfräulicher Verzweiflung mit einem flehentlichen Hilferuf an ihren Vater, den Flußgott Ladon in Arkadien.

Ladon hörte die Funkbotschaft seiner Tochter rechtzeitig, aber was konnte er als untergeordneter Flußgott gegen den mächtigen Zeussohn Apollon ausrichten?

Da verfiel er auf eine List. Im letzten Augenblick, als der

Hirten- und Hürdengott schon dabei war, die letzten Hürden zu überwinden, verwandelte Ladon seine Tochter flugs in einen Lorbeerbaum. Und da der Lorbeer, wie gesagt, dem Apollon heilig war, mußte sich der stürmische Liebhaber wohl oder übel zurückziehen.

Der große italienische Architekt und Bildhauer des 17. Jahrhunderts, Lorenzo Bernini, hat den Augenblick der Verwandlung in einer berühmten Marmorgruppe festgehalten, die heute im Museum der Villa Borghese in Rom zu besichtigen ist.

Daphne bedeutet übrigens auf griechisch »Lorbeer«, und der Lorbeerkranz gilt seit jenen Zeiten als symbolische Siegeskrone für die Gewinner sportlicher Wettkämpfe.

Vermutlich als ehrende Erinnerung an die enorme Langlaufleistung, die Daphne auf der Flucht vor Apollon im Querfeldeinrennen vollbrachte.

Aber der Lorbeer wurde auch für Erfolge auf künstlerischem Gebiet verliehen.

Der »Poeta laureatus« war noch im alten Rom ein mit dem Lorbeer gekrönter Dichter, und der Titel – und Abwandlungen davon – hielten sich über die Jahrhunderte hinweg in verschiedenen Ländern.

Zum lebhaften Bedauern der damaligen Dichter wird ihnen der Lorbeer in den meisten Fällen nicht soviel eingebracht haben wie der moderne Nobelpreis für Literatur. Der künstlerische Lorbeer bringt uns nun zwangsläufig auf Apollons Beziehung zu den Musen. Er war ihr Kommandeur, weshalb er auch den Beinamen »Musagetes« hatte, was auf deutsch soviel heißt wie »Musenführer«.

Die Musen haben eine recht bewegte Vergangenheit hinter sich. In den ältesten Zeiten waren sie einfache Nymphen, die an den ihnen jeweils zugeteilten Quellen saßen, wo es nur wenig Unterhaltung gab.

Dann avancierten sie zu Göttinnen des Gesanges; später unterstanden ihnen auch die anderen Künste und Wissenschaften. Nachdem ihr Ansehen derart gestiegen war, einigte man sich darauf, sie seien allesamt Töchter des Zeus – auf ein paar mehr kam es bei ihm ja nicht an – und der Mnemosyne, einer Titanin, die man sich als die Verkörperung des Gedächtnisses dachte. Und gerade sie behauptete, Zeus sei der Vater gewesen; so war ja wohl an ihrem exakten Erinnerungsvermögen nicht zu zweifeln.

Vorerst waren es offenbar nur drei Musen, aber es tauchten immer wieder welche auf, und in der »Theogonie«, der Lehre von der Herkunft der Götter des griechischen Dichters Hesiodos – Hesiod sprechen wir ihn aus – vom 8. Jahrhundert vor Christus sind es dann neun, und diese Neunzahl der Musen ist bis heute verbindlich geblieben. Zeus hat sich in dieser Richtung vermutlich nicht mehr weiter betätigt. Oder Mnemosyne hat es, trotz ihres klassischen Gedächtnisses, nicht behalten.

In dieser rein weiblichen Mannschaft – Frauenschaft müßte man eigentlich sagen – der neun Musen gab es zunächst einmal die Klio, die immer zuerst genannt wird, weil sie die angesehene Muse der Geschichte war und deshalb immer besonders viel Arbeit hatte. Und heute noch hat.

Sie wurde mit einer Schreibrolle dargestellt, aber wenn sie wirklich alles aufgeschrieben hat, was seither die Menschen der Geschichte zugemutet haben, dann braucht sie inzwischen eine Ansammlung von Archivgebäuden, gegen die das neue Europäische Patentamt in München aussehen würde wie eine winzige historische Bedürfnisanstalt.

Für das Theater gab es zwei verschiedene Musen.

Erstens die Melpomene für die Tragödie, abgebildet mit der tragischen Maske im Arm. Der Name Tragödie kommt vom griechischen »Tragos«, auf deutsch »Bock«, und von Ode, auf deutsch »Gesang«. »Tragödie« heißt also soviel wie »Gesang der Böcke«, und heute hat man manchmal den Eindruck, dieser Name sei durchaus zutreffend.

Dann gab es zweitens die Muse Thalia für die Komödie, die komische Maske schwenkend. Nach ihr ist das »Thalia-Theater« in Hamburg benannt, während man in der ganzen Bundesrepublik vergebens nach einem »Melpomene-Theater« Ausschau hält.

Das liegt vermutlich daran, daß sich die Tragödie – der Bocksgesang also – in unseren modernen Theatern nicht mehr auf der Bühne, sondern im Zuschauerraum, in der Kritik und an der Kasse mit anschließendem Nachtarock im Kultusministerium abspielt. Beziehungsweise im Städtischen Kulturreferat.

Melpomene darf zwar noch an der Außenfront auf manchen Giebeln, zum Beispiel in München, in der Reihe der anderen Musen mitsitzen, aber ins Innere des Hauses oder gar bis zur Intendanz darf sie nicht mehr.

Sie könnte dort stören.

Eine weitere, damals wichtige, heute vernachlässigte Muse war Euterpe, zuständig für die lyrische Dichtkunst. Sie hielt eine Flöte in den zarten Händen. Heute müßte sie einen Schlagbaß haben, oder ein verrostetes Saxophon. Aber es lohnt nicht mehr, sie auf andere Instrumente umzuschulen, denn sie wird ja höchstens noch in der Werbung beschäftigt, und da reicht eine Blechtrommel.

Ein wenig besser geht es vielleicht noch Erato, der Muse der Liebesdichtung – wozu man sicher auch die Liebesbriefe rechnen darf –, die, wie man hört, sogar heute noch gelegentlich geschrieben werden sollen.

Erato hält ein Saiteninstrument – eine Kithara –, und wenn heutzutage die elektrischen Gitarrenspieler und Sänger der Rock- und Pop-Bands – wenn schon nicht ihren Kopf, so doch wenigstens ihren Kehlkopf – unter Einsatz höchster Phonstärken strapazieren, dann ist Muse Erato unsichtbar im Saal anwesend und hält sich die Ohren zu. Irgendwer muß ihr eingeredet haben, daß ernsthafte Kulturphilosophen – wie zum Beispiel Schallplattenproduzenten – diese Produktionen für die wahren Liebeslieder unserer Zeit halten.

Auch die behende Terpsichore ist noch nicht ganz von der Bühne, die Muse des Tanzes.

Bei dieser Gelegenheit ein Wort zur Aussprache. Es hat sich bei uns die lateinische Betonung der griechischen Eigennamen eingebürgert. Diesem Brauch zufolge sagt man also »Terpsíchore« – mit dem Akzent auf dem »i«. Aber auch, wenn Sie »Terpsichóre« sagen, liegen Sie keineswegs falsch. Dann betonen Sie den Namen eben griechisch, und da kann Ihnen keiner was wollen. Und wenn die Tanzmuse gar in einem griechischen Vers vorkommt, dann können Sie »Térpsichoré« betonen, dagegen kann auch wieder niemand was einwenden.

Abgesehen von Liebeslied und Tanz hatten die alten Griechen auch für den ernsten Gesang eine eigene Muse, die

Polyhymnia. Wie der Name sagt, war sie für alle Hymnen zuständig – für alle jene Gesänge also, die zu Ehren, Lob und Preis eines Gottes in Habtachtstellung vorgetragen wurden.

Der Sänger, der sich selbst auf der Kithara begleitete, durfte dabei weder tanzen noch irgendwelche anderen Schritte machen. Auch heute noch verhalten sich die meisten Menschen beim Abspielen von Nationalhymnen meist ruhig und beinahe gesittet. Abgesehen von einigen Fußballspielern, deren Kiefer beispielsweise bei Weltmeisterschaften zu nervös sind, um während dieses kurzen erhabenen Momentes von der Kaugummibearbeitung abzulassen, was dann wiederum das allgegenwärtige Fernsehen an den Tag bringt.

Da die Griechen im Gegensatz zu den Germanen ein Volk der Dichter und Denker waren, gab es auch für die eifrig gepflegte Kunst der dichterischen Erzählung eine eigene Muse, Kalliope mit Namen.

Und schließlich beschäftigte man sich ja schon seit urdenklichen Zeiten mit Astronomie und verfügte deshalb selbstredend auch über eine Muse der Sternkunde. Urania hieß sie, und ihr Name schmückt seither nicht nur zahlreiche Sternwarten, sondern ist auch von der Kinobranche für verschiedene »Urania«-Lichtspielhäuser mißbraucht worden. Vermutlich zur Erinnerung an jene Zeit, als es noch richtige Kinosterne – sprich Stars – gab.

Haben wir jetzt alle Musen aufgezählt? Neun im ganzen? Ja, es stimmt. Und alle Neune unterstanden also dem approbierten Musenführer Apollon.

Die Damen machten nicht allzuviel Arbeit, denn sie hatten ihre Appartements auf dem Olymp, direkt unter den Augen der Götter, deren andauerndes Wohlwollen sie dadurch erwarben, daß sie die seligen Herrschaften mit ihren Gesängen unterhielten.

Aber immer wenn sie freie Zeit hatten, stiegen sie auf den Berg Helikon oder auf den Parnassos und beschäftigten sich dort mit Ringelreihen oder mit beschaulichen Gedanken über das Vergangene, das Gegenwärtige und das Zukünftige. Apollon selbst hatte sie in diese weitsichtigen Künste eingeweiht.

Oder sie ihn, wie auch manchmal behauptet wird.

Ein geflügeltes Pferd namens Pegasos, lateinisch Pegasus, von dem später noch die Rede sein wird, scharrte mit seinen Hufen auf dem Berg Helikon eine Quelle hervor, die sogenannte »Roßquelle«. Und da die Musen sich sofort an ihre einstige Tätigkeit als Quellnymphen erinnerten, versammelten sie sich besonders gern an dieser Stelle.

Später haben dann die Dichter, die sich bekanntlich mit Vorliebe »Musensöhne« nannten, das unschuldige Pferd Pegasos als Dichterroß beschlagnahmt, und so wird dem armen Gaul bis auf den heutigen Tag so manches in die Hufeisen geschoben, wofür er auch beim schlechtesten Willen nichts kann.

In Apollon aber nur den schönen, lichten, den strahlenden Führer der Musen, zu sehen, wäre ein gefährlicher Trugschluß. Die Schattenseiten seines Charakters zeigt zum Beispiel der Fall Marsyas.

Auch diesen sagenhaften Herrn können Sie betonen, wie Sie wollen, entweder lateinisch Mársyas oder griechisch Marsýas; es macht immer Spaß, die sogenannten Gebildeten zu verunsichern, auch wenn natürlich die lateinische Betonung Mársyas die üblichere ist. Ich werde nie das Gesicht eines streng altphilologischen Studienrates vergessen, der – »das Land der Griechen mit der Seele suchend« – zum erstenmal nach »Athinai« kam und dort feststellen mußte, daß man seinen hochverehrten »Zeus« als »Zefs« bezeichnete. Wenn Sie also ebenfalls »Zefs« sagen, dann ist es nicht verkehrt, bloß neugriechisch.

Aber zurück zu Marsyas. Das war ein bescheidener kleiner Quellengott in Kleinasien.

Dort fand er aus Zufall jene Flöte, die von der Göttin Athene angeblich konstruiert und dann weggeworfen worden war. Vielleicht war die Athene – von der wir noch ausführlich sprechen werden – zu unmusikalisch. Das gab sie natürlich nicht zu, sondern erklärte einfach: Frauen, die Flöte spielen, bekommen ein häßliches Gesicht. Also weg mit dem widerlichen Instrument.

Marsyas hob es auf, übte in seiner Freizeit fleißig und wurde schließlich ein solcher Virtuose, daß ihn der Übermut überkam. Er forderte den flötenspielenden Apollon zum Wettkampf heraus. Eine Frechheit ohnegleichen.

Nun muß dieser Quellenbesitzer Marsyas von äußerst beschränkter Intelligenz – um nicht zu sagen bodenloser Dummheit – gewesen sein, denn er ließ sich nicht nur darauf ein, daß ausgerechnet die neun Musen, also Apollons eigene Frauenschaft, zu Schiedsrichterinnen bestellt wurden, nein, er war sogar mit der Klausel einverstanden, nach der es dem Sieger freistand, den Besiegten nach Lust und Laune zu behandeln, oder gar zu mißhandeln.

Der Wettstreit endete, wie er enden mußte. Nachdem

beide Herren eine Weile mit Kunst und Andacht geblasen hatten, erklärten die Musen erwartungsgemäß Apollon zum Sieger. Und was tat nun der Schöne, Lichte, Strahlende? Er ließ den unseligen Marsyas an einen Baum festbinden und zog ihm dann bei lebendigem Leibe die Haut ab. Anschließend hängte er die blutige Haut am Marktplatz von Kelainai in unmittelbarer Nachbarschaft von des Marsyas eigener Quelle als Schauobjekt auf.

Das sind natürlich Vorkommnisse, die den Augenzeugen verstimmen. Auch wenn einige Ästheten später mit der Erklärung aufwarteten, hier sei ganz einfach nur die Überlegenheit des griechischen Flötenspiels über das kleinasiatische symbolisiert.

Bis unter die Haut darf der Nationalstolz schließlich nicht gehen. Offenbar war Apollon überhaupt voller Vorurteile gegen die Kleinasiaten.

Das geht aus seinem tadelnswerten Verhalten gegen die Königin Niobe hervor. Sie war die Tochter des kleinasiatischen Herrschers Tantalos und hatte als Ausländerin den griechischen König von Theben, namens Amphion, geheiratet.

Nun ist das Schicksal auswärtiger Thronbesteiger gerade in Griechenland immer ein höchst ungewisses gewesen. Niobe jedoch ist an ihrem beklagenswerten Geschick – und zwar infolge ihres Hochmuts – nicht ganz unschuldig.

Sie hatte keine Lust, der Leto – also der Mutter der Zwillinge Apollon und Artemis – zu opfern und um das Maß vollzumachen, erzählte sie überall hämisch, diese Leto sei erstens bei weitem nicht so schön wie sie selbst und außerdem habe sie ja nur zwei Kinder, während sie – die emsige Niobe – ihrem Mann sieben Söhne und sieben Töchter geboren habe. Das solle ihr die Leto erst einmal nachmachen.

Der Leto kamen diese Äußerungen natürlich zu Ohren, und nun bestürmte sie ununterbrochen ihre Zwillinge Apollon und Artemis mit der Forderung: da müsse eingegriffen werden, so etwas lasse sie sich nicht bieten, und wie käme denn diese aufgeblasene Ausländerin Niobe dazu – und so weiter.

Nun verfügte Apollon – genau wie Artemis – über einen Spezialbogen, besaß einen silbernen Köcher voll silberner Pfeile und war als Bogenschütze so zielsicher, daß er von dem staunenden Publikum den Ehrennamen »Der Fernhintreffende« erhalten hatte. In dieser Pose des Bogenschützen kann er übrigens im Vatikanischen Museum in Rom bewundert werden, unter dem Decknamen »Apollo vom Belvedere«. Er heißt so, weil er im ältesten Teil des Museums – dem sogenannten »Belvedere« – steht. Es handelt sich um die Kopie eines Bronze-Originals, und die körperliche Schönheit Apollons entzückt vor allem die weiblichen Besucher, wenn auch auf Anordnung früherer christlicher Instanzen die antike Figur durch Anbringung eines größeren Feigenblattes an geeigneter Stelle zu ihrem Nachteil verändert wurde. Genauso erging es übrigens einer anderen berühmten Apollon-Statue im Vatikan, die ihn als Eidechsentöter zeigt, ebenfalls eine Kopie nach einem Original in Bronze von dem großen Meister Praxiteles.

Die Feigenblätter sollen hier offenbar den Fortschritt von Sitte und Zivilisation demonstrieren. Zweifellos ein genialer Einfall.

Aber zurück zur Affäre Niobe. Apollon griff zu Pfeil und Bogen, Schwesterchen Artemis folgte seinem Beispiel, und alle sieben Söhne und ebenso alle sieben Töchter der Niobe wurden standrechtlich erschossen.

König Amphion brachte sich vor Gram und Wut um.

Königin Niobe floh vorsichtshalber in ihre alte Heimat, hatte aber auch dort keine Ruhe, denn die rachsüchtigen griechischen Götter verwandelten sie in einen Stein, aus dessen Schrunden unaufhörlich Wasser tropfte.

Apollon und Artemis erzählten überall, das seien die Tränen der Niobe.

So erscheint dieser Apollon – auch Phoibos oder lateinisch Phoebus genannt – nicht nur als milder Lichtgott. Obwohl ihn noch in jüngster Vergangenheit die deutsche Filmindustrie in ihren »Phoebus-Lichtspielpalästen« als solchen weiterleben ließ. Aber auch auf deren Leinwänden wurden ja allerlei Grausamkeiten und tränenreiche Dramen vorgeführt.

Das Beispiel Apollon zeigt jedenfalls, daß man dem äußeren Glanz der Götter mißtrauen soll und daß es nicht geraten scheint, auf melodiöses Flötenspiel oder rhythmische Kithara-Künste hereinzufallen. Man könnte mit Haut und Haar daran glauben müssen.

Aber es wird nun Zeit, daß wir uns jener Göttin nahen – wenn auch mit leichtem Herzklopfen –, die bis in unsere Tage die weitaus größte Publicity allenthalben genießt und die auch sämtliche Maler und Bildhauer am meisten inspiriert hat: der Göttin der Liebe, der Aphrodite der alten Griechen, der Venus der alten Römer.

Aphrodite

Wenn irgend jemand aus der olympischen Prominenz in die verschiedensten Lebensbereiche, in die meisten Kultursprachen und in zahllose Redewendungen des Alltags eingedrungen ist – dann Aphrodite, die göttliche Venus. Darin schlägt sie sogar Zeus, der sonst überall die Nase vorn hatte.

Ein besonders heller Planet ist nach ihr benannt.

Eine ganze Muschelfamilie hört auf den bezaubernden Namen »Venusmuscheln«.

Es gibt Pflanzengattungen mit den schönen Bezeichnungen Venusfinger, Venusschuh, Venuswagen und Venusfliegenfalle.

Ein simpler Schwamm heißt »Venuskorb«, ein Korallenpolyp »Venusfächer«, eine Rippenqualle »Venusgürtel«.

Bestimmte Einschlüsse in durchsichtigen Quarzsteinen nennt man »Venushaar«.

Und ein beliebter norwegischer Musikdampfer, der viel auf romantischen Kreuzfahrten eingesetzt war, fuhr unter dem sinnigen Namen »Venus«.

Manchmal ist die Namensgebung allerdings auch irreführend. So beim vornehmen »Venusberg«, auf dem so viele Prominente der bundesdeutschen Hauptstadt Bonn residieren. Weder hat dieser Bonner Venusberg etwas mit dem aus der menschlichen Anatomie bekannten Mons Veneris zu tun noch mit der Göttin der Liebe, was die dort wohnenden Junggesellen sicherlich bedauern werden. Der Name ist abgeleitet von »Venn-Berg«, und »Venn« bedeutet nichts anderes als Moor.

Aber auch darin liegt eine tiefere Bedeutung, denn so mancher, der dort oben haust oder hauste, ist im politischen Morast steckengeblieben.

Dagegen führt der Hörselberg bei Eisenach in Thüringen seinen Namen Venusberg zu Recht. Im Innern dieses lieblich bewachsenen Hügels hält sich nämlich Richard Wagners Tannhäuser zu Anfang des ersten Aktes der gleichnamigen Oper auf und genießt pausenlos die Gunst der Göttin Venus, die nach dieser Auffassung offenbar aus Thüringen stammt und die den Sänger durch allerlei Kunstgriffe verzaubert hat. Er löst sich zwar von ihr, kann sie aber nicht vergessen, will wieder zu ihr zurück; der Papst verdammt ihn als Sünder, sie erscheint ihm nochmals, er stirbt – kurzum, es ist ein heilloses Durcheinander, und an allem ist Venus schuld. Und das ist bis heute so geblieben.

Venus – so behaupten die Zyniker – richte mehr Unheil an als sämtliche Kriegsgötter zusammen. Zumal, da sie sich in der Vergangenheit dieser dummen Kerle oft in höchst raffinierter Manier bediente, um irgendeinen Streitfall, der in irgendeinem Schlafzimmer begonnen hatte, sozusagen auf höherer Ebene zu beenden.

Aber kehren wir zunächst einmal zu ihren Uranfängen als griechische Aphrodite zurück. Man glaubt, daß ihr göttliches Bild in der Phantasie der europäischen Menschen von alten orientalischen und vornehmlich von phönizischen Mythen beeinflußt war.

Über ihre Geburt wird heftig gestritten.

Homer behauptet, sie sei die Tochter des Zeus und der Titanin Dione.

Das wird von anderen antiken Schriftstellern auf das

stärkste bezweifelt. Sie geben der Aphrodite den Beinamen »Anadyomene«, das heißt: »Die Schaumgeborene, aus dem Meer Auftauchende«.

Die Begründung ist etwas blutrünstig. Wir erinnern uns: Kronos, der Vater des Zeus, hatte seinen eigenen Papa, den regierenden Himmelsfürsten Uranos, mittels einer Sichel entmannt. Das Blut und einige andere Zutaten waren in den Meeresschaum getropft und sollen dort die Aphrodite erzeugt haben. Es klingt ein wenig unwahrscheinlich, aber bei den antiken Göttern war nichts unmöglich.

Auch über den Ort, wo Aphrodite Anadyomene aus der Brandung an Land kam, ist man sich nicht einig.

Die einen sagen, sie sei am Strande der südgriechischen Insel Kythera aus einer Muschel gestiegen. So hat sie der große italienische Renaissancemaler Sandro Botticelli in seinem Bild »Geburt der Venus« dargestellt – zu besichtigen in den Uffizien zu Florenz, ausgenommen montags.

Die Gegenpartei ist davon überzeugt, sie sei bei der Insel Kypros – dem heutigen Zypern – aufgetaucht. Jedenfalls wurde sie dort als Hauptgöttin verehrt.

In diesem Zusammenhang stößt man auf ein interessantes Detail: Die Alchimisten des Mittelalters nannten das Metall Kupfer »Venus«, denn die Römer hatten ihm den Namen »Aes Cyprium« – also »Erz aus Zypern« gegeben. Und die Insel Zypern war eben der Venus geweiht. Die meisten Maler blieben hingegen bei der Auffassung Botticellis und erklärten Kythera – lateinisch Cythéra – zur Liebesinsel für alle Interessierten. Berühmt ist das Gemälde im Louvre von Antoine Watteau, das einige Rokokopärchen bei der Einschiffung zur Insel Kythera zeigt.

Man sieht, wenn auch Aphrodite als Verkörperung der Naturkraft die verschiedensten Eigenschaften hatte, wirklich wichtig war sie den meisten Menschen nur als Göttin der Liebe.

Auch wenn die Horen – die Jahreszeiten – zu ihrem Gefolge gehörten, auch wenn überall, wo sie den zarten Fuß aufsetzte, Frühlingsblumen hervorblühten, auch wenn das friedlich blaue Meer ihr Spiegel war – Göttin des Frühlings, gut, das galt als angenehme Nebenbeschäftigung, Göttin der Liebe, das war die Hauptsache. Und das ging so weit, daß Aphrodite in späteren Zeiten unter einem ihrer vielen schmückenden Beinamen als »Aphrodite pandemos« sogar als Göttin der käuflichen Liebe, der Prostitution, verehrt wurde.

In Korinth zum Beispiel. Wer dort ein leichtes und gefälliges Mädchen suchte, brauchte nur zu Aphrodites Tempel zu gehen. Dort standen sie erwartungsvoll herum. Allerdings mußten sie auch andere Arbeiten verrichten. Zum Beispiel den Tempel der Göttin reinigen und bei den Opferzeremonien zur Hand gehen. Sie führten daher den erhabenen Titel »Hierodulen«, »Heilige Sklavinnen«.

Noch heute nennt man ja Callgirls und in ähnlichen ambulanten Berufen Beschäftigte gelegentlich »Venusdienerinnen« oder gar »Venuspriesterinnen«.

Immerhin versöhnliche und geradezu romantische Bezeichnungen, welche die Wertschätzung heben, und die Honorare froheren Sinnes berappen lassen, weil sich die Freier der Mythologie hautnah gerückt fühlen. Sowas stärkt den Umsatz.

Neben den Horen – die außerdem noch dem Zeus und

der Hera dienten und die später neben den Jahreszeiten auch noch die Tagesstunden zu verwalten hatten – gehörten zu Aphrodites Gefolge so nützliche Persönlichkeiten wie die Chariten.

Das waren drei Töchter des Zeus – schon wieder welche – und einer gewissen Eurynome, einer Tochter des erdumfließenden Okeanos. Die Chariten hießen Aglaia, Euphrosyne und Thalia, wobei die letztere nicht mit der Muse Thalia verwechselt werden darf.

Die alten Römer nannten sie die drei Grazien, und sie galten allgemein als Göttinnen der Anmut, des festlichen Glanzes, der Fröhlichkeit und des aufblühenden Glücksgefühls. Sie wirkten eben in jeder Hinsicht »graziös«.

Besonders wichtig für eine Göttin der Liebe waren drei weitere ständige Gefolgsleute, nämlich Himeros, die gestaltgewordene Sehnsucht, dann Pothos, das verkörperte Verlangen, und schließlich Peitho, die personifizierte Überredung.

Unterstützt durch diese ergebenen Hilfs- und Fachkräfte blieb Aphrodite immer und überall Siegerin, und hatte sie sich einmal eines jüngeren oder älteren Paares angenommen, dann war unbedingt eine größere oder kleinere Liebe fällig. Es sei denn – wie oben bemerkt – die Sache passierte in der Umgebung des Aphrodite-Tempels zu Korinth (und anderswo). Dann war es nur eine Geschäftsverbindung.

Seltsamerweise hatte Aphrodite ausgerechnet in ihrem eigenen Liebesleben einige Schwierigkeiten und Probleme.

Da war zunächst einmal ihr Ehemann – der berühmte Hephaistos, lateinisch Hephaestus oder, populärer, Vulcanus genannt. Der Dichter Hesiod erwähnt ihn auch als den

Gatten der Aglaia, also einer der drei Chariten oder Grazien, aber Kollege Homer behauptet fest, der Hephaistos sei mit der Aphrodite verheiratet gewesen, und das ist auch die vorherrschende Auffassung.

Dieser legitime Sohn des Zeus und der Hera fiel schon bei seiner Geburt in elterliche Ungnade. Das arme Kind war häßlich und hatte obendrein auch noch ein verkürztes und daher lahmes linkes Bein.

Nun kam es dem Göttervater Zeus angesichts seiner riesigen Produktion auf ein mißratenes Kind nicht an, aber Göttermutter Hera reagierte ungehalten und unmütterlich. Sie packte im Zorn den kleinen Sohn und warf ihn vom Olymp herab einfach ins Meer.

Es war in Griechenland eine allgemein geübte Sitte, sich kränklicher oder verkrüppelter Kinder durch Aussetzung oder sonst irgendwie zu entledigen.

Im strengen Sparta gab es sogar ein Gesetz dafür. Und nicht dagegen!

Aber der kleine Hephaistos hatte Glück. Er wurde von Thetis, einer der fünfzig Töchter des greisen Meergottes Nereus, gefunden, gepflegt und großgezogen. Als er erwachsen war, ernannten die Olympier ihn zum Gott des Feuers, der Schmiedekunst und überhaupt aller einschlägigen Kunstfertigkeiten wie Bronzeguß und so weiter. Er konstruierte den berühmten Wagen des Sonnengottes Helios und schmiedete für Zeus die Aigis – Ägis, wie wir sagen. Das war ein unzerbrechlicher Schild – nach anderer Lesart ein ebenso stabiler Brustpanzer – der in der Mitte das furchtbare, von Schlangen umringelte Gorgonenhaupt trug, vor dem jeder Sterbliche sofort erstarrte. Zeus lieh den Schild gelegentlich der Athene. Aus Dankbarkeit für die aufopfernde Pflege der Thetis fertigte Hephaistos für deren Sohn Achilleus – auf deutsch Achilles – eine prachtvolle Rüstung, die dem wackeren Helden im Trojanischen Krieg vorzüglich zustatten kam.

Für den kleinen, als Sohn der Aphrodite geltenden Liebesgott Eros – Erfinder der Erotik – verfertigte er die berühmten Pfeile, die das Büblein in großen Mengen verschoß und – glaubt man einigen Poeten – auch heute noch verschießt, wenn auch unter seinem lateinischen Decknamen Amor.

Hephaistos kam meistens verdreckt, verrußt, mit verräucherter Stimme und verfilztem Bart aus seiner Werkstatt nach Hause gehinkt und war in diesem Zustand natürlich kein Umgang für die gepflegte, rosige, samthäutige und mit allen Duftwassern gewaschene Aphrodite. Man weiß, in welche Richtung sich die ehelichen Beziehungen in solchen Fällen meistens entwickeln – in eine andere nämlich.

Aphrodite sah sich nach einem geeigneten Liebhaber um. Leider war derjenige, den sie sich nun aussuchte, auch nicht gerade der ideale Partner für eine Göttin der Liebe. Handelte es sich doch um keinen anderen, als den wilden, blutrünstigen Kriegsgott Ares – von den Römern Mars genannt. Auch er war – wie Hephaistos – ein Sohn des Zeus und der Hera, also nach der Homerischen Version Aphroditens eigener Bruder. Die Astronomen haben dem Rechnung getragen und berücksichtigten bei der Namensverleihung an die Planeten neben der Venus auch den Mars.

Der Wandelstern sieht leicht gerötet aus. So, als ob er dauernd erzürnt wäre. Aber das lag in der Natur des Mars.

Aphrodite machte es nichts aus, wie überhaupt zarte Frauen häufig auf gewalttätige Männer hereinfallen und beispielsweise Berufsringkämpfe einem Mozartkonzert vorziehen.

Ares-Mars war recht froh darüber, daß er vor den Augen der Liebesgöttin Gnade fand, denn die Kolleginnen und Kollegen auf dem Olymp konnten ihn seines Jähzorns wegen nicht besonders gut leiden. Ares verbreitete sogar selbstgefällig, er sei mit der schönen Aphrodite verheiratet, und manche Sterblichen glaubten das tatsächlich. Sogar einige unsterblich gewordene Schriftsteller. Wahrscheinlich, weil sie Angst hatten, dem alten Säbelraßler zu widersprechen.

Aber die meisten Zeitgenossen waren sich doch einig darüber, daß der hinkende Hephaistos die Planstelle des echten Gemahls einnahm. Die bildenden Künstler waren auch überwiegend dieser Ansicht, weil die Liebschaft Ares-Mars mit Aphrodite gerade durch ihre Illegitimität ihren Werken Dramatik verlieh und Interesse sicherte. Nehmen wir als Beispiel das Gemälde von Jacopo Tintoretto in der Münchner Alten Pinakothek.

Hephaistos-Vulkan ist gerade überraschend aus der Schmiede ins eheliche Schlafzimmer gekommen und hebt soeben mißtrauisch ein winziges Tüchlein von der splitterfasernackt auf den Kissen ruhenden Aphrodite-Venus.

Ares-Mars ist es in letzter Minute noch gelungen, unter dem Bett in volle Deckung zu gehen. Im Hintergrund stellt sich Eros-Amor schlafend. Er liegt in seiner Wiege, als wenn nichts geschehen wäre. Schon auf Wandgemälden in dem altrömischen Luxus-Badeort Pompeji ist das Verhältnis zwischen Venus und Mars mit allerlei sinnenfrohen Details abgebildet.

Natürlich nannten die Römer die beiden Hauptdarsteller mit ihren lateinischen Namen – ebenso wie später die Maler Tizian, Giorgione, Rubens, Carracci, Cranach oder Boucher ihre zahlreichen Akte der Aphrodite immer als »Venus« betitelten: Venus im Bade, Venus vor dem Spiegel, Venus auf dem Ruhebett, Venus bei der Toilette, Venus ohne jede erkennbare Tätigkeit – es ist eine ganze Galerie.

Der galante Franzose François Boucher porträtierte sogar die Madame Pompadour, die einflußreiche Geliebte des Königs Ludwig XV. von Frankreich, in erhabener Nacktheit als Venus. Sicher hat sie ihm dafür einen besonders schönen Titel vermittelt. Schöne Posten hatte er ja schon.

Unter den zahlreichen Statuen der lebens- und liebesfrohen Göttin sind am bekanntesten die »Aphrodite von Melos« – lateinisch »Venus von Milo« genannt und im Pariser Louvre als Attraktion bewundert –, die Aphroditen von Knidos, vom Thermenmuseum und vom Kapitolinischen Museum in Rom, die »Venus von Medici« und schließlich eine besonders aparte im Nationalmuseum zu Neapel. Diese Aphrodite hebt kokett ihr Gewand, wendet sich dabei halb und zeigt dem interessierten Betrachter ihre rückwärtige Schauseite. Ein Anblick, der sich schon bei den alten Griechen besonderer Beliebtheit erfreute.

Vorausgesetzt, die betreffende Dame hatte ähnlich Wohlproportioniertes zu bieten wie die Göttliche von Neapel. Diese Statue ist weltberühmt unter dem zutreffenden Namen »Aphrodite Kallipygos«. Zu deutsch: »Aphrodite mit dem schönen Po.«

Natürlich waren weder Hephaistos noch Ares die einzigen Nutznießer dieser himmlischen Figur, obwohl man letzterem, wie wir wissen, nachsagte, er habe aufgrund seiner Wildheit immer durchschlagenden Erfolg beim schwachen Geschlecht. Diese populäre Auffassung ist eben nicht immer richtig.

Außerdem kommt der Appetit mit dem Essen – auch und gerade bei einer Liebesgöttin, die schon von Amts wegen zu vielerlei Kostproben verpflichtet ist –, und so knüpfte denn Aphrodite-Venus noch anderweitig zarte Bande.

Es war ihr nämlich ein besonders schöner Jüngling aufgefallen, dessen Name noch in unserer Zeit geradezu sprichwörtlich ist für überdurchschnittlich gutes Aussehen – ein gewisser Adonis. Auch den können Sie wieder aussprechen, wie Sie wollen. Adonis, mit der Betonung auf dem A, wäre die griechische, Adónis, mit der Betonung auf dem o, die gebräuchlichere lateinische Aussprache. Als Adónis hat sich der junge Herr eingebürgert.

Er stammte von der Aphroditeninsel Zypern und geriet – wie viele ansehnliche Jünglinge – in die erotische Zwickmühle, weil er von zwei einflußreichen Damen zugleich geliebt wurde.

Erstens von Aphrodite und zweitens von Persephone, der Gattin des griesgrämigen Unterweltmuffels Hades.

Persephone hatte es in diesem Fall schwerer, weil sie ja – Sie erinnern sich – nur einen Teil des Jahres auf der Erdoberfläche verbringen durfte, während die glücklichere Aphrodite die ganzen zwölf Monate zur Verfügung hatte, und mit soviel Zeit läßt sich schon etwas anfangen.

Der schöne Adonis stammte aus einem milieugeschädigten Elternhaus, denn der König von Zypern hatte ihn mit seiner eigenen Tochter gezeugt, und diese Blutschande führte -- als sie offenbar wurde -- zu häuslichem Krach und Schlägereien. Adonis riß deshalb von Zypern aus und begab sich auf das griechische Festland.

Protegiert von seiner Freundin Aphrodite brauchte er keiner Arbeit, sondern nur seinem Vergnügen nachzugehen. Und das war die Jagd.

Darauf baute nun der eifersüchtige Ares seinen Racheplan. Im Gegensatz zu dem ewig in seiner rußigen Schmiede herumwerkelnden Hephaistos hatte Ares natürlich längst gemerkt, daß da zwischen seiner geliebten Aphrodite und dem schönen Adonis etwas lief. Diesmal bezwang er schlauerweise seinen berüchtigten Jähzorn und benahm sich zunächst wie das stillste aller Wasser. Aber gerade diese sanfte Aufführung war der Aphrodite unheimlich. Sie warnte ihren schönen Liebhaber davor, allzu weite Jagdexpeditionen zu unternehmen und sich vor allem bei diesen Safaris nicht von seinen Gefährten zu entfernen. Man könne nie wissen, wer da im Busch versteckt sei.

Aber Adonis lachte nur und nahm die freundlichen Ermahnungen nicht ernst. Und wie so oft im Leben mußte auch hier wieder einmal Leichtsinn mit dem Tode gebüßt werden.

Waidmann Adonis streifte eines Tages fern und solo -- voll Frohsinn und nichts Böses ahnend -- durch die Wälder. Da nahte urplötzlich ein Keiler -- also ein männliches Wildschwein -- und stürzte sich mit gefletschten Hauern auf ihn. (Mit gefletschtem »Gewehr«, falls diese Zeilen ein Jäger liest.) Nun hätte ein geschickter Waidmann, bewaffnet mit Speer und Schwert, nebst der nötigen Portion Mut, dieses Untier sicherlich überwinden oder ihm wenigstens entgehen können.

Aber der Keiler war eigens von Ares abgerichtet und programmiert worden. Ja, es gibt sogar Stimmen, die behaupten, Ares selbst sei in der Maske dieses Keilers aufgetreten.

Da hätte dem Adonis nicht einmal eine Maschinenpistole genützt. Das mörderische Wildbret griff sofort an, Adonis kam zu Fall, der Keiler zerschlitzte ihn an sämtlichen lebensnotwendigen Stellen – und aus war's.

Nicht nur die Göttin Aphrodite, auch die Sterblichen beklagten lautstark den Tod dieses schönen Jünglings. Zu seinem Gedenken wurde ein eigenes Fest gestiftet, zu dem besonders die untröstlichen Frauen und Mädchen herbeiströmten und das noch in Rom unter den Kaisern gefeiert wurde. Allerdings vergossen die hohen Herren keine Tränen dabei.

Im Gegensatz zu der schluchzenden Aphrodite war Persephone hocherfreut. Denn nach seinem gewaltsamen Tode kam ihr geliebter Adonis zu ihr in die Unterwelt hinab und war dort allein auf sie angewiesen. Aber Aphrodite warf sich dem Göttervater zu Füßen, umfaßte seine Knie, wie es in der Antike Mode war, und jammerte und bettelte so lange, bis Zeus es leid war und die Angelegenheit durch einen seiner gefürchteten Schiedssprüche regelte, gegen den es keine Berufung gab.

Acht Monate des Jahres – so ordnete er an – dürfe Adonis auf der Oberwelt unter den Strahlen der Sonne bei

Aphrodite verbringen, und nur vier Monate brauche er bei Persephone in der finsteren Unterwelt zu verweilen.

Persephone hatte bei diesem Handel eindeutig den kürzeren gezogen, und das verbesserte ihre grimmige Laune nicht. Höchstens die ihres Gatten Hades.

Aphrodite blieb aber auf ihrem Spezialgebiet – der Liebe – auch weiterhin nicht untätig.

Sie begann ein Verhältnis mit dem König von Dardanos, einem stattlichen Herrn namens Anchises, der aus höchsten trojanischen Herrscherkreisen stammte. Die Liebschaft blieb nicht ohne Folgen, und Aphrodite gebar den Äneas, der dann später im Trojanischen Krieg und – nach Trojas Ende – in der römischen Landschaft Latium eine wichtige Rolle spielte.

In jenen Krieg griffen verschiedene Götter auf verschiedenen Seiten ein. Unter ihnen auch Ares, den wir uns noch einmal etwas genauer ansehen wollen.

Vielleicht hat es an seinem blinden Ungestüm und seinem wilden Blutdurst gelegen, daß sich die bildenden Künstler der Antike so wenig mit ihm beschäftigten. Und wenn, dann meist nur in seiner Eigenschaft als Liebhaber der Aphrodite.

Einzelstatuen von ihm trifft man relativ selten. Am bekanntesten ist noch der sogenannte »Ares Ludovisi« aus der Villa Ludovisi, ein Marmorbildwerk, das der Schule des Lysippos entstammt und als römische Kopie erhalten ist, die man heute im Thermenmuseum der Ewigen Stadt besichtigen kann.

Der Kriegsgott erscheint hier in der sitzenden Gestalt eines kräftig gewachsenen und zweifellos eher gut als wild aussehenden Jünglings mit einem fast milden Zug im bartlosen Gesicht. Auf den ersten Blick will man nicht glauben, daß es sich wirklich um diesen berüchtigten blutigen Schlachtenbummler handelt. Aber wie gesagt, diese Statue ist eine Ausnahme.

Stutzig macht auch die Tatsache, daß er kaum über einen hochberühmten Tempel oder andere touristenträchtige Verehrungsstätten verfügt, wenn man einmal von der Stadt Theben in Böotien absieht. Nicht einmal in Thrakien, wo sich Ares des rauhen Klimas wegen am liebsten aufhielt, scheint er beliebt gewesen zu sein. Nun war es für friedliebende Menschen wirklich schwer, einen Gott wie diesen Ares-Mars zu verehren.

Man braucht sich nur die Kumpane anzusehen, mit denen er herumzog. Da war zum Beispiel seine Schwester Eris, deren Name »Streit« bedeutet.

Dazu kamen seine beiden Söhne Deimos und Phobos – zu deutsch »Furcht« und »Schrecken«. Die beiden waren auch immer mit von der Partie. Die irdischen Astronomen haben dem Ares-Mars den Gefallen getan und die beiden Marsmonde nach diesen unerfreulichen Trabanten Deimos und Phobos benannt.

Zur Ares-Gruppe gehörte auch noch eine gewisse Enyo, deren weibliches Gemüt von schierer Mordlust erfüllt war und die bei jeder Gelegenheit wie die verkörperte Kriegsfurie zuschlug.

Ares lebte nach der Devise: Nur keinen Streit vermeiden! Er legte sich wiederholt mit den Götterkollegen an und auch mit dem unter die Götter eingereihten Herakles, dem Sprößling des Zeus und der Alkmene.

Während des Trojanischen Krieges mischte er sich auf seiten der Trojaner in das Kampfgeschehen – wir werden noch davon hören.

Unter den Söhnen des Ares befand sich ein fürchterlicher Drache. Er hauste bei einer seinem Papa gehörenden Quelle vor den Toren der im Aufbau befindlichen Stadt Theben. Der Stadtgründer Kadmos – Bruder der Europa und Erfinder der Buchstabenschrift und sonstiger höherer Kultureinrichtungen – empfand das Untier als ungeheuer lästig und erlegte es kurzerhand. Dann jedoch unterlief ihm ein Fehler. Er brach mutwillig die Drachenzähne aus den Kiefern und steckte sie in den Ackerboden. Prompt erwuchsen aus dieser »Drachensaat« bewaffnete Männer in Rüstungen, und getreu den Grundsätzen des Ares schlugen sie so lange aufeinander ein, bis fast alle tot waren, und machten so die Drachensaat der Zwietracht bis auf den heutigen Tag sprichwörtlich. Die fünf, die übrig blieben, arbeiteten dann als Hilfsarbeiter des Kadmos in Theben auf dem Bau. Alles in allem war also die Familie des Ares ein ziemlich wilder Haufen.

Die alten Römer – auch nicht immer zartbesaitet – übernahmen den Gott, nannten ihn Mars und widmeten ihm das Marsfeld, den »Campus Martius«, einen berühmten Exerzierplatz, dessen Name auch späterhin noch vielfach verwendet wurde.

Außerdem titulierten die Römer zu Ehren des Mars einen der zwölf Monate »Mensis Martius«, der bei uns als »März« fröhlich weiterlebt. Aber wenn man einen ganzen Monat dem blutrünstigen Kriegsgott weiht, dann muß man sich nicht wundern, wenn diese Tage gelegentlich unfriedlich verlaufen.

Am 15. März des Jahres 44 vor Christus – an den »Iden«, wie die Römer die Monatsmitte bezeichneten – wurde Gaius Julius Caesar ermordet. Mars hatte ein Opfer mehr.

Auf dem Marsfeld exerzierten nicht nur die Legionen. Es gab dort auch ein sehr populäres Pferderennen. Wenn die bedauernswerten Rösser gewußt hätten, was dem Sieger bevorstand, dann hätten sie sich bestimmt keine Mühe gegeben, zu gewinnen. Denn ein Pferd aus dem Siegergespann mußte dem Mars geopfert werden. Weil das Rennen im Oktober zur Zeit der Erntedankfeiern stattfand, erhielt das Opferroß den schönen Titel »October equus« – auf deutsch »Oktoberpferd«.

Dann wurde es bekränzt, in feierlicher Prozession zum Marsaltar an der Via Appia geführt und dort geschlachtet, um den immer gefährlichen, weil unberechenbaren Kriegsgott zu besänftigen und gleichzeitig eine gute nächste Ernte zu sichern. Der Pferdeschwanz und das aufgefangene Pferdeblut wurden in den Tempel der Vesta transportiert. Aus dem Blut fabrizierten die Vestalinnen unter geheimnisvollen Zeremonien ein weihevolles Räucherwerk, das bei kultischen Handlungen abgebrannt wurde.

Das »Oktoberpferd« war im Grunde eine Erfindung der Menschen. Heilig waren dem Ares andere Tiere. Zum Beispiel der wilde reißende Wolf.

An Waffen bevorzugte er den mörderischen, weittragenden Speer und – seinem Charakter gemäß – alle Werkzeuge, die geeignet waren, durch ihre fachmännische Handhabung Furcht und Schrecken zu verbreiten. An der Atombombe hätte er gewiß seine reine Freude gehabt.

Genau das Gegenteil von Ares war die viel wichtigere Göttin Athene, der wir uns jetzt widmen wollen.

Athene

Dachte man sich den Ares-Mars als den Gott des brutalen, fern von jeder Strategie und Taktik nur aufs mörderische Draufhauen bedachten Kriegers, so galt Athene, die später mit der römischen Minerva verschmolz, als Göttin der klugen, umsichtigen Kriegführung und überhaupt als Göttin der Weisheit. Offenbar glaubten die alten Griechen, Kriege mit Weisheit vereinbaren zu können.

Athene war äußerst vielseitig. So erfand sie so verschiedene Dinge wie den Ölbaum, die Flöte – wir haben davon im Zusammenhang mit dem unglücklichen Marsyas gehört – und den Schiffbau.

Gleich ihre erste Schiffskonstruktion – die »Argo« – wurde durch ihre prominente Besatzung, die »Argonauten«, weltberühmt.

Argonauten heißt »Argoschiffer«. Daher nennen sich die amerikanischen und russischen »Raumschiffer« Astronauten und Kosmonauten. Die »Argo« ist bis heute so populär, daß sich sogar eine Bremer Reederei nach diesem ersten Schiff aus Athenes Privatwerft benannte.

Für die Landwirtschaft erfand die weise Göttin ein so nützliches Gerät wie den Pflug.

Auch um die Frauen kümmerte sie sich. Indem sie die Schirmherrschaft über das Spinnen und Weben übernahm, sorgte sie dafür, daß die Damen häuslich blieben.

Alle diese Künste beherrschte sie selbst ausgezeichnet.

Das zeigt der Fall Arachne. Diese Arachne war die Tochter eines schlichten Färbers aus Lydien und von Beruf

Teppichweberin. Sie bildete sich auf ihr fachmännisches Können derart viel ein, daß sie überall damit prahlte, niemand könne es ihr im Teppichweben gleichtun. Nicht einmal die göttliche Athene selbst. Das kam der Olympierin zu Ohren und ärgerte sie natürlich, denn selbst die weiseste aller Göttinnen ist nicht frei von Eitelkeit. Athene verkleidete sich als Greisin, suchte die Arachne auf und verabredete einen Wettkampf.

Beide webten und webten, was die Weberschiffchen hergaben, und schließlich hatte die Göttin gewonnen. Arachne wollte sich vor Wut und Scham sogleich am nächsten Baum aufhängen – da gab sich Athene zu erkennen.

Sie ging zwar mit Arachne nicht so grausam um wie Apollon mit Marsyas, aber sie verwandelte sie immerhin in eine Spinne.

»So, meine liebe Konkurrentin«, sagte sie spöttisch, »jetzt hast du beides in einem: Jetzt kannst du hängen und weben zu gleicher Zeit.«

Der Name der Arachne ging auf die Spinne über, und noch heute heißen die Spinnentiere wissenschaftlich Arachnoidea – oder verdeutscht: Arachniden.

Nicht ganz geklärt ist die Herkunft der Athene. Der Name deutet eigentlich in die Richtung des kretisch-mykenischen Kulturkreises.

Die Griechen glaubten, die Sache sei folgendermaßen vor sich gegangen: Da gab es eine der zahlreichen Töchter des Okeanos, der uns schon mehrfach mit seinem Nachwuchs begegnet ist. Diese Tochter hieß Metis, und das bedeutet »Klugheit«.

Von dieser Metis haben wir schon im Zeuskapitel gehört.

Sie mischte jenes ungeheuer wirksame Brechmittel, das den Kronos dazu brachte, seine verschlungenen Kinder wieder auszuspucken. Metis wurde dadurch in Götterkreisen sehr populär. Das stieg ihr aber offenbar zu Kopfe, denn sie machte den unverzeihlichen Fehler, sich von Zeus heiraten zu lassen. In erster oder zweiter Ehe. Noch vor der Hera.

Kaum war der Ehebund unter Dach, da erreichte den Zeus eine Weissagung folgenden Inhalts: Metis werde ihm zuerst eine brave und hochintelligente Tochter schenken, danach aber werde sie ihm einen höchst ungebärdigen Sohn liefern, der alles an sich reißen und viel mächtiger als sein eigener Vater sein würde.

Diese Aussicht paßte dem Zeus natürlich nicht in seine Regierungspläne. Er besann sich auf die von Papa Kronos angewandte Methode und verschlang nun seinerseits seine teure Gattin Metis. Er fühlte sich bei diesem Vorgehen ziemlich sicher, denn nur Metis kannte ja die Zusammensetzung des berühmten Brechmittels und in seinem Magen konnte sie es wohl schwerlich und schon gar nicht rechtzeitig herstellen.

Zeus wartete eine Weile ab und rief dann den Hephaistos zu sich mit dem Befehl, er möge aus seiner Werkstatt eine scharfgeschliffene Axt mitbringen. Hephaistos hinkte, die Axt über der Schulter, folgsam herbei, und Zeus sagte:

»So, mein lieber Sohn, jetzt sei so nett und spalte mir mit deiner Axt den Kopf.«

Hephaistos zuckte mit keiner Wimper. Zeus war ja sowieso unsterblich. Der göttliche Schmied holte also aus, und krachend fuhr die Axt in den obersten olympischen Schädel. Und was passiert –?

Aus dem klaffenden Kopf springt in voller Rüstung, Helm auf, Lanze in der Hand – sozusagen wie ein Gedanke – die Athene!

Nun weiß der aufmerksame Leser, daß Hephaistos ein Sohn des Zeus und der Hera war. Der geduldige Zeus muß daher nach dem Verschlingen der Metis eine sehr lange Weile gewartet haben. Bis zur Eheschließung mit Hera und noch geraume Zeit danach, bis Hephaistos geboren und kräftig genug war, den Spaltprozeß durchzuführen.

Aber wir wollen hier keine Haarspaltereien treiben – zum xtenmal sei gesagt, bei den Göttern herrschten andere Bräuche. So jedenfalls stellte sich die Geburt der Athene im griechischen Volksglauben dar.

Und sogar die Intellektuellen waren für diese Version. Götter leben, gebären und spalten sich nach eigenen Gesetzen, die nur für sie gelten. Da hat ein Sterblicher nichts hineinzureden – und schon gar nichts Logisches.

Natürlich wurde Athene sofort des Zeus Lieblingstochter. Weil sie mit der Lanze in der Faust ans Licht der Welt gehüpft war, erhielt sie den Beinamen »Pallas« – die »Lanzenschwingerin«.

Pallas war im griechischen Mythos in einer Tochter des Meergottes Triton personifiziert. Triton hatte die Athene, im Auftrag des Zeus, zusammen mit seiner eigenen Pallas aufgezogen. Die von Geburt an kriegerische und damals schon emanzipierte Athene bestand darauf, daß zur Erziehung junger Mädchen auch das Waffenhandwerk gehöre, und Mitschülerin Pallas hatte nichts dagegen. Aber lanzenschwingende Mädchen sind ein Sicherheitsrisiko.

Bei einem Trainingskampf der beiden brachte Athene

der Pallas – wie es heißt, aus Versehen – eine tödliche Wunde bei. Der Name der Gefallenen soll dann auf sie selbst übergegangen sein.

Athene hatte bald eine ganze Sammlung solcher Beinamen. Da sie – genau wie die Artemis – zu ewiger Jungfräulichkeit verpflichtet war, hieß sie folgerichtig »Athene parthenos«. Parthenos bedeutet »Jungfrau«.

Der Parthenon auf der Akropolis zu Athen heißt also »Jungfrauentempel«. Natürlich war er der Athene geweiht, der Schutzgöttin der nach ihr benannten Stadt Athen. Diese attische Hauptstadt war entstanden, nachdem Athene gegen den obersten Meeresgott Poseidon ganz Attika für sich gewonnen hatte. Beide hatten sich nämlich um diese Gegend gerauft und schließlich den Zeus als Schiedsrichter angerufen.

Zeus – in solchen kniffligen Fällen häufig unschlüssig, konnte sich nicht zwischen seinem Bruder und seiner Lieblingstochter entscheiden und verfügte daher, Attika solle demjenigen Familienmitglied gehören, das dieser, von der Natur damals noch nicht gerade reich gesegneten Landschaft, das wertvollste Geschenk machen würde.

Poseidon kam mit Rössern an, die kluge Athene aber brachte den noch wichtigeren Ölbaum und gewann damit das Land.

In ihrem Tempel auf der Akropolis – Akropolis bedeutet nichts anderes als »Oberstadt« – stand eines der Meisterwerke des Bildhauers Phidias, die zwölf Meter hohe Statue der Athene Parthenos, ganz aus Gold und Elfenbein gefertigt. Eine kleine römische Kopie dieses Wunderwerkes der Antike ist im Athener Nationalmuseum zu begutachten.

Ebenfalls in Athen, im Museum auf der Akropolis, befindet sich eine der schönsten Abbildungen der jungfräulichen Göttin, die sogenannte »nachdenkliche« oder »sinnende« Athene. Auf diesem Relief einer Stele betrachtet die Göttin im Helm und auf ihre Lanze gestützt einen Stein, in den angeblich das Verzeichnis ihrer Tempelschätze eingemeißelt ist. Sie denkt also nicht über die Schicksale der Völker nach, sondern über ihr Vermögen. Warum auch nicht?

Sogar Staatslenker gegenwärtiger Groß- und Kleinmächte tun das weitaus häufiger, als ihre Völker zu glauben geneigt sind. Sie lassen sich allerdings dabei nicht abbilden. Jedenfalls habe ich noch nie ein Porträt gesehen, das den Ministerpräsidenten XY beim Lesen seiner Bankauszüge zeigt. Aber diese Beschäftigung steht ja auch nicht in der jeweiligen Verfassung, auf die Staatslenker vereidigt zu sein pflegen.

Unter dem langen, faltenreichen Gewand der Athene auf diesem Relief kann man übrigens einen vorzüglich gewachsenen Körper vermuten. Schon die nackten Arme sprechen dafür. Kein Wunder also, daß sie keinen Augenblick zögerte, sich mit Göttermutter Hera und Liebesgöttin Aphrodite in eine Schönheitskonkurrenz um den Titel der »Miß Olymp« einzulassen.

Diesen fatalen Wettstreit hatte die uns bereits unrühmlich bekannte Eris ausgeheckt, die Schwester des Ares, allgemein gefürchtet als Göttin der Zwietracht. Man hatte sie im Olymp nicht zu einer glanzvollen Hochzeit eingeladen – wer lädt sich schon ausgerechnet bei einer Hochzeit die Zwietracht zu Tisch –, und aus gekränkter Eitelkeit warf sie aus dem Hinterhalt, während das Festbankett in vollem Gange war, einen Apfel mitten zwischen die Anwesenden. Dieser Apfel trug die Aufschrift: »Der Schönsten.«

Noch heute rollt er durch unseren Sprichwortschatz als »Zankapfel«. Der Zank brach auch sogleich los, denn Hera, Aphrodite und Athene beanspruchten – jede für sich – die symbolträchtige Baumfrucht. Nun hielten sich die Herren im Olymp aus der Sache heraus.

Das war sehr vernünftig. Ich bin ganz sicher, auch heutzutage würden sich die männlichen Mitglieder einer Festversammlung eines Besseren besinnen, als zwischen drei prominenten weiblichen Gästen zu entscheiden, welche von ihnen die Schönste sei.

So etwas hat immer unerfreuliche Nachspiele. Da hält man schlauerweise den Mund, nach dem Motto »Abwarten und Sekt trinken«. Sollen sich doch die anderen prügeln, wenn schon gerauft werden muß. Da die griechischen Götter außerordentlich menschenähnlich waren, dachten sie ebenso und schickten die drei Konkurrentinnen herunter vom Olymp, um einen echten Unparteiischen zu suchen. Möglichst einen dummen Hirten oder sonst einen Bürger, der keine olympischen Beziehungen aufs Spiel zu setzen hatte.

Nun, wie es der Zufall will, gab es da einen gewissen Paris, Sohn des Königs Priamos von Troja, der wegen frühkindlicher antiautoritärer Unbotmäßigkeit und außerdem auch noch wegen einer Weissagung, die gegen ihn zu sprechen schien, des elterlichen Palastes verwiesen worden war. Ein Hirte hatte ihn mitleidig aufgezogen, und dessen Herde hütete er nun.

Plötzlich nahten sich ihm – mitten auf der Weide – drei splitternackte Damen, überreichten ihm einen Apfel und ordneten an, er solle den Apfel unverzüglich derjenigen von ihnen geben, die er für die Schönste halte.

Da – wie bereits mehrfach hervorgehoben – die antike Götter GmbH. & Co. KG. sehr menschlich, sozusagen erd- und geschäftsverbunden dachte, so verließen sich auch die drei Konkurrentinnen nicht allein auf ihre nackten Tatsachen. Sie versuchten vielmehr den tumben Hirten zu bestechen. Eine Unfairneß, die bei heutigen Mißwahlen natürlich nie mehr vorkommt.

Göttermutter Hera bot dem Paris Macht und Reichtum an.

Athene versprach Weisheit und Ruhm.

Aber die raffinierte Aphrodite wisperte ihm zu, sie werde ihm die herrlichste Frau der Welt verschaffen.

Und was tat der verblendete Paris? Er gab, ohne sich länger zu besinnen, der Aphrodite den bewußten Apfel und erklärte sie für die Schönste der drei.

Die Kunstmaler jauchzten ob dieses Vorkommnisses jahrhundertelang voller Dankbarkeit, denn »Das Urteil des Paris« ergab immer von neuem ein entzückendes Bildmotiv mit drei nackten Schönheiten in anregenden Stellungen. Ein Sujet, das jeder Hofmaler für die Privatkabinette seines Brötchengebers und dessen Mätressen mehrfach auf große Leinwände pinseln mußte.

Aphrodite hielt übrigens Wort und half dem Paris, die schöne Helena nach Troja zu entführen, die Gattin des Königs Menelaos von Sparta.

Diese Helena – eine Tochter des Zeus und der Leda, wie

wir schon wissen (die Sache mit dem Schwan!) – galt damals sozusagen als Miß Universum, obwohl sie schon etwas in die Jahre gekommen war. Aber eine geschickte Frau kann so ein bißchen Zeit leicht überspielen.

Da sich Menelaos diesen Frauenraub nicht gefallen ließ und neben anderen Fürsten auch seinen Bruder Agamemnon, den König von Mykene, für einen Rachefeldzug gewann, brach der Trojanische Krieg aus. Nunmehr zeigte sich, daß Paris doch recht voreilig gehandelt hatte, als er sich auf die Zuflüsterungen der Aphrodite einließ.

Kriegsgott Ares, der jeden Krieg als solchen begrüßte und dem es vollständig egal war, wer mit wem aus welchem Grunde Krach hatte, befand sich auf seiten der Trojaner. Oder der »Troer«, wie es eigentlich heißen müßte. Ares tat das allein schon deshalb, um seine Mitgötter zu ärgern.

Und auch Aphrodite hielt zu den Mannen um Hektor. Aus Dankbarkeit für den Apfel suchte sie den heimgekehrten Paris zu schützen, der nach besten Kräften mitstritt, ohne allerdings größere Wirkung zu erzielen. Er starb schließlich trotz Aphrodite an einer Verwundung. Außerdem hatte die Liebesgöttin noch weitere – diesmal rein familiäre Interessen –, denn ihr Sohn Äneas kämpfte ebenfalls auf der trojanischen Seite.

Diese Aktivitäten waren natürlich den beim Schönheitswettbewerb abgeblitzten Göttinnen Hera und Athene ein Dorn im Auge, und sie griffen auf seiten der griechischen Belagerungsarmee in die Gefechte ein.

Athene stärkte vor allem die Kampfmoral eines der kräftigsten griechischen Krieger, des furchtbaren Diomedes,

Königs von Argos. Sie leistete ihm Erste Hilfe, als er von einem Pfeil in die Schulter getroffen wurde, und sagte zu ihm, er solle vor keinem Sterblichen zurückweichen. Nur vor den Göttern, mit Ausnahme von Aphrodite. Sollte diese es wirklich wagen, sich in das Schlachtgetümmel zu stürzen, dann dürfe er sie ohne jede Rücksicht verdreschen. Athene fügte hinzu, sie als Lieblingstochter des Zeus werde das dann im Olymp schon arrangieren.

Diomedes raste also auf seinem Streitwagen los wie ein Wilder, schlug überall um sich, warf dem Pandaros, der ihn mit dem Pfeil verwundet hatte, einen Speer durch den Mund und machte den Trojanern auch sonst schwer zu schaffen.

Bis es der tapfere Äneas nicht mehr mitansehen konnte und sich diesem gemeingefährlichen Burschen entgegenwarf. Aber der hünenhafte Diomedes warf mit Steinen und traf den anstürmenden Äneas, der daraufhin k. o. zu Boden ging und verloren gewesen wäre, wenn nicht Mütterchen Aphrodite ihn rechtzeitig in ihre Arme genommen hätte.

Diomedes, der schon den blutigen Speer erhoben hatte, um dem Äneas den Garaus zu verpassen, stutzte beim Auftauchen der Göttin zunächst. Aber dann kamen ihm die aufmunternden Worte der Athene wieder ins Gedächtnis, und er stach die Aphrodite beherzt in die göttliche Hand.

Eine derart brutale Behandlung ist eine Göttin der Liebe begreiflicherweise nicht gewohnt. Aphrodite brüllte wie am Spieß – an dem sie ja auch tatsächlich stak –, riß sich los, ließ den Äneas fahren, der gerade noch unter die Fittiche des Apollon stolpern konnte, und eilte schnurstracks in den

Olymp hinauf, um Zeus vorzuzetern, mit welcher Respektlosigkeit gewisse Sterbliche da unten herumfuhrwerkten.

Auf der Erde erlitt inzwischen Athene einen Anfall von Mutwillen. Sie gab dem Diomedes nun auch den Kriegsgott Ares zum Abschuß frei. Diomedes hatte Bedenken, aber Athene sagte, sie würde geschwind dem Unterwelts-Hades für ein paar Minuten seinen Tarnhelm stehlen und ungesehen neben dem Diomedes als Schutz- und Schirmherrin auf dessen Streitwagen stehen.

Der König von Argos stürzte sich also wieder ins dichteste Getümmel. Ares sah ihn herantoben und schleuderte sofort seinen unfehlbaren göttlichen Speer auf ihn. Aber die unsichtbar wirkende Athene gab dem heransausenden Spieß einen Schubs, so daß er vorbeiflog. Das machte den Ares stutzig. Aber er hatte keine Zeit, über diese noch nie vorgekommene Fehlleistung nachzugrübeln, denn nun knallte ihm der unerschrockene Diomedes seinen irdischen Speer in die Hüftgegend.

Nach allem, was man über die antiken Götter hört, waren sie durchaus in der Lage, körperlichen Schmerz zu empfinden. Ares jedenfalls brüllte gepeinigt auf, und da er über die Stimmkraft von zehntausend Männern verfügte, kann man sich die Phonstärke vorstellen, die nun das Schlachtfeld erfüllte. Sämtliche Kämpfer hielten so lange mit dem gegenseitigen Abschlachten inne, bis sich Ares in eine zufällig vorbeikommende Wolke gehüllt hatte und zum Olymp hinauf entwichen war.

Und wenn man sich nun überlegt: Das alles wegen eines Apfels, eines Hirten und einer schönen Helena – dann muß man zu dem Schluß kommen, es stand nicht dafür.

Athene, die uns in diesem Kapitel hauptsächlich interessiert, bekam von Homer den Beinamen »Glaukopis«, was »eulenäugig« bedeutet. Der blinde Homer hat sich da wahrscheinlich auf Berichte von Zeitgenossen verlassen.

Jedenfalls war der Athene die Eule heilig – außer der Schlange, die sie vermutlich von Kreta mitgebracht hatte. In ihrer Lieblingsstadt Athen wimmelte es infolgedessen von Eulen, die alle heilig waren und überall herumsaßen, nicht nur auf dem Athene-Tempel.

Dieses Eulenheer hat der gebildeten Welt das handliche Sprichwort »Eulen nach Athen tragen« geschenkt, als Bezeichnung eines vollständig überflüssigen Tuns.

Weil nun die Athene die Göttin der Weisheit war, galt auch die Eule automatisch als überaus weises Geflügel und Symbol fleißigen Studiums. So wie man in Athen überall ihren steinernen Abbildern begegnete, so ziert sie auch heute noch die Embleme von Buchverlagen, Universitätsinstituten und sonstigen Bildungseinrichtungen. Da die Eule – infolge ihrer Weisheit – ein Nachtvogel geblieben ist, wird es verständlich, wenn öffentliche Bibliotheken, die nur am Tage Zugang gewähren, meist leer sind. Der studierenwollende oder -sollende Teil der Bevölkerung zieht im Sommer die Schwimmbäder und im Winter die Schipisten vor.

Zu der Sammlung schmückender Beinamen der Lieblingstochter des Zeus gehören noch die Titel »Athene Promachos«, also »Athene, die Vorkämpferin«, und »Athene Nike«, »Athene, die Siegerin«. Schließlich zeigte sie Meisterbildhauer Phidias in der Statue der sogenannten Lemnischen Athene auch noch als Friedensgöttin, ohne Helm.

In unserem Jahrhundert erhielten viele Sterbliche – zum Beispiel die Wiener und Münchner Bürger – ihre eigene Athene. Die österreichische steht beim Parlamentsgebäude, in dem der Nationalrat tagt, und die bayerische Göttin der Weisheit steht nahe beim Bayerischen Landtag, auf der Maximiliansbrücke. Zur Erinnerung daran, daß ihrerzeit die Griechenschwärmer die bayerische Hauptstadt gerne als »Isar-Athen« bezeichneten.

Aber nun zu einem weiteren Zeuskind, dem Jüngling Hermes, der bei dem berühmt-berüchtigten Parisurteil insofern mitgewirkt hatte, als er die drei Apfelaspirantinnen Hera, Athene und Aphrodite auf jene Weide geführt hatte, auf der damals Paris gerade mit seinen Ziegen oder Kühen oder Ochsen oder was auch immer beschäftigt war.

Hermes

Hermes war das größte Schlitzohr, das der Olymp je hervorgebracht hat.

Die alten Römer setzten ihn ihrem Mercurius gleich. Die Deutschen nennen ihn Merkúr. Und die Münchner nennen ihn Mérkur. So hat jeder seine eigene Version dieses wahrhaft vielgestaltigen Gottes.

Geboren wurde er in Arkadien als Sohn des Zeus und der Maia, einer Tochter des Titanen Atlas, der das Himmelsgewölbe auf seinen Schultern trug. Der hoffnungsvolle Knabe Hermes kam auf dem Gebirge Kyllene zur Welt und führte sich sofort mit zwei bemerkenswerten Leistungen ein.

Erstens spannte er über den hohlen Rückenschild einer Schildkröte Saiten und erfand so das Musikinstrument Lyra.

Zweitens stahl er seinem Stiefbruder Apollon fünfzig Stück wertvollen Rindviehs mit einem Schlag.

Die Rinder mußte er allerdings auf Geheiß des Göttervaters Zeus wieder zurückgeben, was er nur ungern tat. Ein guter Viehbestand lag ihm schon im zartesten Alter am Herzen, weshalb die Annahme berechtigt ist, er sei ursprünglich ein schlichter Herdengott gewesen.

Seine Schildkrötenlyra, dieses sinnreich konstruierte Instrument, lieferte er dem Musikliebhaber Apollon ab, erhielt aber dafür im Austausch das Kerykeion, den Heroldstab, lateinisch Cadúrcëus genannt.

Mit diesem Stab wird er meistens abgebildet, er ist sein

Markenzeichen. Ein Stab, um dessen oberes Ende sich zwei Schlangen über Kreuz winden und sich an der Spitze die Köpfe zuwenden. Manchmal trägt das Kerykeion auch noch ein Flügelpaar.

Ein hübsches Stück also, aber Hermes schätzte seine Lyra höher ein und zwang durch geschicktes Verhandeln den Apollon, noch eine kleine Rinderherde draufzulegen, als Aufpreis.

Zeus war von den kaufmännischen Fähigkeiten seines Sprößlings dermaßen beeindruckt, daß er ihn ab sofort mit allerlei sittlichen und unsittlichen Aufträgen betraute. Von den meisten durfte Hera nichts wissen.

Hermes entledigte sich dieser Aufgaben mit soviel Umsicht und Glück, daß er schon bald von dem hochzufriedenen Zeus eine feste Planstelle und den Titel »Götterbote« bekam.

»Bote« hört sich nicht gerade hochtrabend an, aber Hermes war praktisch der Chef des gesamten Auswärtigen Dienstes.

Seine damalige Position ist etwa mit der eines vielreisenden Ministers von heute zu vergleichen.

Wobei zu berücksichtigen ist, daß Hermes seinerzeit unter weit schwierigeren Bedingungen arbeiten mußte. Es gab ja kein Telefon. Seine enge Beziehung zur Politik erklärt sich auch aus der Tatsache, daß er als »Gott der überraschenden Fundstücke« verehrt wurde, und überraschende Funde sind in der Politik ja sozusagen systemimmanent.

Außerdem hatte er – wie heute noch viele Politiker – die ehrenvolle Aufgabe, die Verstorbenen in die Unterwelt zu begleiten, wobei es ihm allerdings erspart blieb, am Sarkophag oder an den Ufern der Styx oder sonstwo eine weihevoll-würdige Rede zu halten. Eine Übung, der gegenwärtige Politiker mit Eifer obliegen und die geeignet ist, der Bevölkerung die Freude am Ableben – beispielsweise ihres Staatsoberhauptes – gründlich zu verderben.

Hermes hatte es einfacher. Er winkte einfach mit seinem Kerykeion, und schon versammelten sich die Abgeschiedenen folgsam hinter ihm in Reih und Glied. Für die Mitwirkung bei diesem schattenhaften Geleitzug bekam Hermes den schwungvollen Titel »Psychopompos« – was man etwa mit »Seelenprozession« übersetzen kann.

Aber auch die Lebenden stießen überall, wo sie spazierengingen oder -fuhren, auf Stadtplätzen oder an Wegkreuzungen auf den unvermeidlichen Hermes. Allerdings nur auf seinen Kopf.

Dieser befand sich auf der Spitze eines viereckigen, schlanken Pfeilers. Für einen solchen Pfeiler mit Kopf bürgerte sich dann ganz allgemein die Bezeichnung »Herme« ein. Der Pfeiler wurde nach dem Gott genannt – genauso wie die Litfaßsäule nach ihrem Erfinder, dem ehrenwerten Buchdrucker Ernst Litfaß aus Berlin, der 1855 noch nicht ahnen konnte, daß dereinst Fußballspieler an die Stelle seiner gerade errichteten Reklamesäulen treten würden.

Mit seinen Hermen beaufsichtigte und beschützte Hermes die Straßen und damit auch den Verkehr, der auf ihnen stattfand. Er war also eine Art Verkehrswacht.

Außerdem betätigte er sich als Gott der Kaufleute und sogar der Diebe. Eine immerhin aufschlußreiche Kombination ...

Aber vielleicht konnte er diese beiden Sparten nicht ganz

genau unterscheiden – oder tat wenigstens so. Ein Umstand, der die erstaunliche Modernität gerade dieses Olympiers unterstreicht.

Dargestellt wurde er mit Flügelschuhen und geflügeltem Helm als »Der ewig Dahineilende«. Infolgedessen war er auch der Gott der Reporter und anderer Nachrichtenübermittler.

Eingedenk dessen benutzten und benutzen bis auf den heutigen Tag angesehene Presseerzeugnisse seinen lateinischen Namen »Merkur«. Ich erinnere hier nur an den von dem Koblenzer Joseph von Görres 1814 herausgegebenen »Rheinischen Merkur«, dem so manch anderer »Merkur« folgte, denn der Name ist ebenso sinnvoll wie handlich.

Hermes-Merkur müßte eigentlich auch Schutzherr sämtlicher Trimm-Dich-Bewegungen sein, denn neben seinen zahlreichen anderen Aufgaben fiel ihm auch die eines Gottes der Gymnastik zu. Er hatte ein ungeheuer flinkes – sozusagen quecksilbriges – Temperament, und es ist daher kein Wunder, daß die Alchimisten des Mittelalters das Quecksilber, das sie als außerordentlich flüchtig und veränderlich ansahen, »Mercurius« nannten. Noch heute heißt es auf englisch »Mercury«, obwohl von den Angelsachsen nicht behauptet werden kann, daß sie lauter Alchimisten sind.

Hermes-Merkur war auch der Gott der Reisenden. Lebte er in unserer Zeit, so hätte er vermutlich längst eine Chartergesellschaft gegründet und trüge an den Schuhen statt Flügeln Düsenaggregate.

Einige alte Schriftsteller behaupten, Hermes sei sehr schön gewesen, und sie loben besonders seine feingebildeten

Hände und Füße. Man nimmt diese Berichte hin, obwohl der aufgeklärte Mensch der Gegenwart zweifelt, ob die antiken Dichter jemals Gelegenheit hatten, diese göttlichen Gliedmaßen in Augenschein zu nehmen. Vielleicht erlagen sie dem weitverbreiteten Glauben, daß Prominenz von Natur aus anmutig sein muß, und Schönheit liegt ja – wie die Angelsachsen treffend sagen – im Auge des Betrachters.

Infolge seiner vielseitigen und immer mit größter Raffinesse eingesetzten Fähigkeiten wurde Hermes dem Göttervater schnell unentbehrlich.

Zeus betraute ihn auch mit Aufträgen, die ein wenig außerhalb der Legalität lagen. So schickte er ihn beispielsweise aus, um den lästigen Argus aus dem Wege zu räumen, der auf Befehl der Göttergattin Hera eine Gespielin des Zeus bewachte – die Io, von der wir schon gehört haben.

Die Infrastruktur der Götter GmbH. & Co. KG. ist eben so innig verflochten, daß immer wieder und in allen möglichen und unmöglichen Verbindungen berühmte Namen auftauchen. Aber das hat sein Gutes. Auf diese Weise prägt man sich die Taten und Untaten der Prominenten leichter ein.

Hermes begab sich also zu dem vieläugigen Argus, der ihn natürlich mißtrauisch von allen Seiten belauerte.

Aber Hermes berührte ihn mit seinem Kerykeion, das ja nicht nur ein Herold-, sondern auch ein Zauberstab war. Argus schloß daraufhin sämtliche Augen und entschlummerte. Sofort tötete ihn der hinterlistige Hermes und eilte beflügelt hinauf zum Olymp, um Vollzugsmeldung zu erstatten. Rundum besehen also für Zeus ein höchst nützlicher Bursche.

Gelegentlich half Hermes auch den Menschen, wenn er gerade einmal nicht im Dienst der Götter beschäftigt war.

Dem nach Ende des Trojanischen Krieges ununterbrochen auf der Heimreise befindlichen Odysseus zum Beispiel kam er sehr gelegen. Odysseus hatte mit seinem Schiff im Naturhafen der Insel Aiaia festgemacht, ohne zu ahnen, daß dieses liebliche Eiland von einer als Zauberin ausgebildeten Tochter des Sonnengottes Helios beherrscht wurde.

Kirke nannten sie die Griechen. Die Römer schrieben sie Circe. Und in Deutschland entstand daraus die amüsante Wortschöpfung »bezirzen«. Damit bezeichnet man – wie jede flotte Dame und jeder aufgeweckte Herr weiß – die weiblichen Versuche, einen liebevollen Mann um die innere Ruhe und die äußeren Habseligkeiten zu bringen.

Der nicht umsonst als listenreich apostrophierte Odysseus sandte erst einmal eine Gruppe von Besatzungsmitgliedern als Späher aus. Diese waren sehr überrascht, als sie umherspazierenden Löwen, Wölfen und anderen Raubtieren begegneten, die aber offenbar keine aggressiven Absichten hegten, sondern eher mißmutig und deprimiert wirkten.

Zauberin Kirke empfing die fremden Gesandten mit großer Freundlichkeit und bewirtete sie mit einheimischen Spezialgerichten, darunter einem aus Weintrauben hergestellten Eintopf, der den ziemlich ausgehungerten Seeleuten vortrefflich mundete. Aber noch ehe das Dessert aufgetischt wurde, schlug die hinterhältige Kirke urplötzlich mit ihrem Zauberstock zu, verwandelte die schmatzenden Herren ausnahmslos in Schweine und reihte sie in ihre ebenfalls verzauberte Menagerie ein.

Nun starrten sie genauso mißmutig und deprimiert in die Gegend wie die Löwen und Wölfe und so weiter.

Ein Seemann aber hatte diese Schweinerei beobachtet. Er war – von Natur aus mißtrauisch – nicht mit zur Tafel gegangen, sondern hatte das Festbankett aus einem Hinterhalt heraus verfolgt. Nun lief er zurück zum Schiff und meldete seinem Kommandanten Odysseus den unerhörten Vorfall.

Klar, daß der Chef jetzt selbst sehen wollte, was da eigentlich geschehen war. Welcher Kapitän läßt Besatzungsmitglieder in fremden Häfen in Schweine verwandeln, ohne einzuschreiten?

So etwas gibt's ja nicht mal auf Sankt Pauli! Wenigstens nicht direkt.

Odysseus zog also wutschnaubend los und – siehe da – es begegnete ihm der allgegenwärtige Hermes. Der Gott zeigte sich sofort hilfsbereit, griff in seine Aktentasche und zog ein Bündel Kräuter hervor, deren Genuß jeden Menschen gegen jede Art von Zauber unempfindlich machte.

Odysseus fraß ihm das Grünzeug aus der Hand. Ob es ihm geschmeckt hat, ist nicht überliefert. Aber wer fragt in solcher Situation danach, ob ein Rohgemüse etwa mit Pflanzenschutzmitteln besprüht ist?

Mit den Kräutern im Magen betrat Odysseus nunmehr unerschrocken den Palast der Kirke und wurde prompt zum Essen eingeladen. Die Mahlzeit hatte aber – wir wissen warum – nicht den von Kirke gewünschten Zaubererfolg. Als sie ihn nämlich mit ihrem Stab berührte, um ihn – wie vorher seine Crew – in ein Schwein zu verwandeln, da hohnlachte er nur, zückte sein Schwert und ging auf sie los.

Kirke merkte, daß in dieser Sache der Wurm war, fiel auf die Knie, umfaßte des Odysseus Oberschenkel und bat um Gnade. Nun, der König von Ithaka war kein Unmensch; er verzieh Kirke ihren faulen Zauber, was nicht jeder getan hätte.

Zum Dank ließ Kirke den Odysseus samt seinen wieder in Menschen zurückverwandelten Gefährten ein ganzes Jahr lang auf ihrer Insel Urlaub machen.

So hatte das rechtzeitige Dazwischentreten des Hermes auch hier wieder einmal die Lage gerettet.

Der Name des hehren Götterboten ist übrigens schlichten Ursprungs. Er kommt von dem griechischen Wort »Herma«, was »Steinhügel« oder »Steinhaufen« bedeutet.

Solche Steinhügel wurden an Weidewegen aufgeschichtet und jeder, der vorbeikam, mußte einen neuen Stein dazulegen. Wäre die Bevölkerungsdichte damals größer gewesen, so wären aus den Steinhügeln sicher Wolkenkratzer geworden. Diese primitive Urform des Hermes-Kultes lebte später in den uns schon bekannten Hermen fort.

Der weitgereiste Götterbote spielte auch eine wichtige Rolle in einer griechischen Sektenphilosophie, die nach Christi Geburt entstand und die sich auf Geheimlehren und Geheimbücher aus dem alten Ägypten stützte.

Zentraler Bezugspunkt dieser Gruppe war der ägyptische Gott Thoth. Und dieser Thoth wurde nun von den zuständigen griechischen Ideologen ihrem wohlbekannten Hermes gleichgesetzt. Wodurch der Götterbote wieder zu einem neuen Titel kam. Hermes Trismegistos hieß er in diesen Kreisen – »Hermes, der Dreimalgrößte«. Man sieht, die Leute neigten zu Übertreibungen.

Alle ihre religiösen Schriften zusammen bildeten das so-genannte »Corpus Hermeticum« – also die »Hermes-Sammlung«. Sie war streng geheim und ständig unter Verschluß. Später verehrten besonders die Zauberlehrlinge der Magie und die Adepten der Alchimie den Hermes Trismegistos als großen Lehrer der Geheimwissenschaften.

Man glaubte, es sei ihm als erstem gelungen, einen Glaskolben luftleer zu machen und ihn dann in diesem Zustand mit mystischen Siegeln zu verschließen. »Hermetisch verschlossen« sagen wir noch heute, wenn wir etwas meinen, das absolut und ganz und gar zu ist.

Über das Familienleben des Götterboten ist nur wenig und Widersprüchliches bekannt.

Man weiß zwar, daß er gerne mit den hübschen Nymphen flirtete, aber er war zu diskret – und vor allem viel zu gerissen –, als daß selbst der größte Klatschkolumnist ihm hinter die Schliche hätte kommen können.

So nimmt es eigentlich wunder, wenn die Fama meldet, er habe Söhne gehabt, darunter einen recht eigentümlichen. Ein Wesen, das weder zu dem wohlgestalteten Hermes noch zu den schönen Nymphen paßte.

Dieser Sohn hieß Pan – von den Römern später Faunus genannt, in der bildenden Kunst bis hinauf zu Franz von Stuck als Faun vertreten – als Pan natürlich auch. Arnold Böcklin hat ihn sehr stimmungsvoll, im sonnendurchfluteten Schilf sitzend, gemalt.

Dieser Pan war ein zwiespältiger Typ. Einerseits Beschützer der Herden – andererseits ein Walddämon, der zu absonderlichen Späßen aufgelegt war. Man dachte sich ihn mit Bocksfüßen ausgestattet, mit verfilztem Haar, wildem

Bart und zwei Hörnern auf der fliehenden Stirn. Nach allgemeiner Ansicht haben die alten Statuen, die den Pan so darstellen, später die christliche Auffassung vom Aussehen des Teufels stark beeinflußt.

Aber unser Teufel gehört nicht hierher. Außerdem ist es äußerst zweifelhaft, ob der Teufel musikalisch ist.

Pan war es jedenfalls. Er erfand die Syrinx, auch Pan- oder Hirtenflöte genannt.

Und das kam so: Syrinx war eine besonders anmutige Nymphe, die in der Landschaft Arkadien wohnte. Pan gefiel sie ausnehmend gut, und er verfolgte sie mit glühenden Schwüren und stürmischen Anträgen. Aber sie wollte von dem armen, sterblich und unsterblich verliebten Kerl nichts wissen. Er war absolut nicht ihr Typ. So etwas sehen Männer niemals ein. Ein Nein ist für Liebende keine Antwort.

Als Pan der Syrinx wieder einmal begegnete, galoppierte er sofort auf seinen Bocksfüßen hinter ihr her. Syrinx floh, aber nicht schnell genug. Pan erreichte sie, griff nach ihr – da wurden ihre flehentlichen Hilferufe in letzter Sekunde von den Göttern erhört.

Die Olympischen verwandelten sie in ein Schilfrohr. Pan blieb nichts anderes übrig, als zuzuhören, wie der Wind das zarte Rohr in wehmütig-melodische Schwingungen versetzte. Der Liebende war tief beeindruckt.

Er nahm das Schilfrohr mit und schnitt daraus die berühmte Flöte, die er zur ewigen Erinnerung an die unerreichbare Geliebte »Syrinx« nannte.

Oft saß er nun vor einer seiner Grotten, oder an den bewachsenen Ufern der Quellen und Seen und spielte sanfte, zärtliche Weisen. Manchmal aber versetzten die plötzlich aufklingenden Flötentöne in der Nähe weilende Hirten in abergläubische Furcht vor Pan. Sie gerieten in »Panik« und flohen in »panischer Angst«. So wie wir es heute noch in Augenblicken maßlosen Erschreckens tun.

Pan hatte später ein Gefolge junger Pane um sich – so wie der römische Faunus über eine zahlreiche Gruppe liebesdurstiger Faune gebot.

Pan machte schließlich eine große Karriere. Sein Name wurde – in der griechischen Bedeutung von »gesamt« – als Symbol dem Weltall der Antike gleichgesetzt.

»Der Große Pan ist tot!« war ein Ruf des Wehklagens um das versunkene Zeitalter und um den Abschied der alten Götter.

Hebe

Nun fragten sich die Sterblichen gelegentlich beim Wein: Wie kommt es denn, daß die Götter immerfort dasselbe Alter haben? Gut, sie sind unsterblich, aber sie könnten sich doch im Laufe der Zeit wenigstens ein bißchen verändern. Zeus immer in den besten Jahren – Apollon und Hermes immer jung und schön – wie geht das zu?

Besonders die irdischen Damen stellten sich neiderfüllt die olympischen Figuren der Hera, Athene, Aphrodite und so weiter vor, denen der auf Erden so gefürchtete Zahn der Zeit offenbar nicht das geringste anhaben konnte.

Des Rätsels Lösung: Die Götter hatten rechtzeitig vorgesorgt. Zeus zeugte mit der Hera ein bildhübsches Mädchen namens Hebe. Das griechische Wort Hebe bedeutet »Jugendliche Schönheit«, und folgerichtig wurde Hebe als Göttin der ewigen Jugend eingesetzt. Aber mit dem Titel allein ließ es der vorausschauende Zeus nicht bewenden.

Er gab der Hebe den Auftrag, die tafelnden Götter als Mundschenkin zu bedienen. Das Getränk, das sie ausschenkte, war der berühmte Nektar, jener aromareiche Göttertrank, der Jugend und Unsterblichkeit sicherte. Die gleichen Eigenschaften hatte auch die herrlich duftende Götterspeise Ambrosia. So lebten also schon die antiken Götter und Göttinnen – um dem vorzeitigen Altern entgegenzuwirken – von gewissen pharmazeutischen Produkten, die ihnen von der schönen Diätassistentin Hebe zu jeder Mahlzeit gereicht wurden.

Damit nun auch die treu und eifrig diensttuende Mundschenkin ihr privates Vergnügen hatte, verheiratete sie Papa Zeus mit einem seiner zahlreichen unehelichen Söhnen.

Er wählte den Sprößling der Alkmene, den Helden Herakles, der gerade nach einer Reihe irdischer Drangsale und einem schmerzhaften Ende unter die Götter aufgenommen worden war.

Die Jugend vermählte sich der Stärke. Ewiges Symbol von Kraft und Schönheit.

Aber die Olympischen tranken nicht nur den vorgeschriebenen Nektar – wer will schon ausschließlich von Verjüngungsmedizin leben –, sie schätzten auch den Wein.

Sie hatten sogar einen eigenen Gott dafür – den Dionysos, mit dem wir jetzt eine kleine Weile verbringen wollen. Am besten bei einer guten Flasche süffigen Inhalts.

Dionysos

Weinlaubbekränzt zieht er durch die Phantasie der Antike, gefolgt von Satyrn und rasenden Mänaden, die auf ihren Tympanons, ihren Handpauken, einen höllischen Lärm veranstalten. Der Gott schwenkt abwechselnd seinen doppelhenkeligen Trinkbecher, den Kantharos, und den Thyrsos, jenen feucht-fröhlichen Kommandostab, der an der Spitze einen Pinienzapfen trägt.

Hinter dem Zuge her schwankt des Gottes alter Lehrer, der dicke Silen, in dessen Glatze sich die Abendsonne spiegelt. Er ist – wie üblich – so besoffen, daß er nicht mehr gehen kann. Deshalb hat er einen Esel bestiegen. Aber selbst auf dem Rücken dieses geduldigen Tieres schwankt Silen wie eine lecke Fregatte im Sturm und fällt bei jeder Kurve aus dem Sattel.

Ein interessantes Schauspiel also, das der göttliche Dionysos seinen Anhängern bot. Aber wahrscheinlich hatten diese selbst so kräftig vom Saft der Reben genippt, daß ihnen Unregelmäßigkeiten nicht mehr auffielen.

Aber jetzt einmal schön der Reihe nach: Dionysos war – wie könnte es anders sein – ein Sohn des Zeus. Seine Mutter war Prinzessin Semele, Tochter des Kadmos, des Königs von Theben. Nach anderen Quellen war es Persephone.

Zeus verführte Semele der Abwechslung halber mal nicht als Tier, Wolke oder Goldregen verkleidet. Er trat ihr vielmehr in menschlicher Gestalt zu nahe, so ähnlich wie er einst Alkmene in der Maske ihres Gatten Amphitryon aufgesucht hatte.

Bald fühlte sich Prinzessin Semele schwanger.

Die stets eifersüchtige Hera bekam Wind von der Sache und begann sofort ihre Ränke zu schmieden. Da Prinzessin Semele großes Vertrauen zu ihrer alten Amme hatte, nahm die Göttermutter deren Gestalt an und verriet Zeus. So erfuhr Semele, wer der Liebhaber und Kindesvater in Wirklichkeit war.

Hera tat ein übriges und beschwatzte Semele, sie solle sich von Zeus einen Wunsch freigeben lassen und dann darauf bestehen, er möge sich ihr in seiner wahren Erscheinung zeigen.

Neugierig wie Frauen sind – werdende Mütter nicht ausgenommen – folgte Prinzessin Semele ahnungslos diesem gefährlichen Ratschlag.

Die Sache klappte. In der folgenden Liebesnacht verpfändete Zeus sein Wort, und sofort verlangte Semele, er müsse sich beim nächsten Mal in seiner wahren Gestalt zeigen.

Das hätte sie nicht tun sollen, denn zum nächsten Rendezvous erschien Zeus als Blitz und Donner. Der Blitz traf die Bedauernswerte tödlich, und sterbend brachte sie den Dionysos zur Welt.

Zeus ahnte nichts von Heras Manipulationen. Er hatte ein schlechtes Gewissen, weil es ihm nicht eingefallen war, der Semele den törichten Wunsch auszureden.

Wenigstens den kleinen Dionysos wollte er retten und versteckte ihn eine Zeitlang in seiner eigenen Hüfte.

Als das Kind ein bißchen herangewachsen war, nahm er es heraus und schickte es, unter der Obhut einer verläßlichen Person, nach Nysa zu den dort lebenden Nymphen.

Als Reisebegleiter konnte er keinen Besseren wählen als den vielseitigen Hermes.

1877 fand man – ausgerechnet im Heratempel – zu Olympia die schönste und heute berühmteste Hermes-Statue, die einst der große Bildhauer Praxiteles geschaffen hatte. Sie zeigt den Götterboten auf dem Wege nach Nysa. Auf seinem linken Unterarm sitzt der kleine Dionysosknabe und streckt verlangend die Ärmchen nach einer prallen Weintraube aus, die Hermes mit der rechten Hand hochhält.

Dieser heute wieder entfernte rechte Arm ist zwar – ebenso wie die Unterschenkel – ergänzt worden, aber es kann sich auch im Original nur um eine Weintraube gehandelt haben. Schließlich hieß das Kind ja Dionysos ...

Als der Knabe herangewachsen war, pflanzte er überall, wohin er kam, den Weinstock, und sein dauerndes Umherziehen diente eigentlich nur diesem einzigen Zweck.

Man sah in ihm die schwellenden, fruchttreibenden Kräfte der unerschöpflichen Natur. Aber auch das Rauschhafte, Ekstatische des plötzlichen Aufbrechens von Knospen und Blüten. So bekam er den Beinamen »Dionysos Anthios« und galt als Frühlingsbringer.

Bei einem Gott des Weines und der Trunkenheit reicht ein einziger Name natürlich nicht aus.

So hieß Dionysos auch Bakchos, das bedeutet »Rufer«. Die Römer machten daraus »Bacchus« – und als solcher sitzt er noch heute in vielen deutschen Ratskellern auf manchem alten Weinfaß.

Ein anderer Name des Dionysos war Lyáos, das heißt »Löser«. Eine sehr treffende Bezeichnung, da ja der Wein bekanntlich die Zungen löst und außerdem schon von so mancher deprimierten Seele Kummer und Sorgen für eine Weile gelöst hat.

Schließlich hieß der Weingott auch noch Bromios, der »Lärmer«. Kein Wunder bei den Festivitäten, die in seinem Namen gefeiert wurden.

Dazu gab es immer wieder Anlässe. Im Winter und im Herbst zur Weinlese wurden kleinere Dionysien gefeiert. Die wichtigsten Feste aber waren die sogenannten »Großen Dionysien« im März – zum Frühlingsanfang.

Dabei wurde nicht nur kräftig gebechert, sondern auch gesungen, musiziert und ein feierlicher Umzug veranstaltet. Eine besondere Rolle spielte der Dithyrambos, ein kultisches Lied zu Ehren des Gottes. Ergriffen lauschten seine Verehrerinnen und bestätigten damit wieder einmal das uralte und unumstößlich wahre Sprichwort, daß Wein, Weib und Gesang zusammengehören.

Der Dithyrambos wurde besonders in Attika weiterentwickelt, und schließlich entstand daraus die Tragödie. Der Name hat durchaus nichts Erhabenes. Vermutlich war er anfangs eher spöttisch gemeint. Er wurde gebräuchlich, als sich Gruppen von männlichen Festteilnehmern als bocksfüßige Satyrn verkleideten und, mit Ziegenfellen behängt, Wechselgesänge aufführten. Die vornehmeren Gäste nannten diese derben Burschen ironisch »Tragoi« – also »Böcke«. Dann kam noch die »Ode« dazu – das Wort für »Gesang« –, und fertig war die »Tragödie« – auf deutsch »Bocksgesang«. Aber das wissen wir schon von den Musen.

Auch die Komödie spielte eine wichtige Rolle bei den Festen der »Großen Dionysien«. Über die Herkunft dieses

Namens ist man sich nicht ganz einig. Viele Sprachforscher glauben, das Wort »Komödie« bedeute soviel wie »Gesang der Dorfbewohner«. Demnach handelte es sich sozusagen um Folklore, um Lieder, die von den zum Fest herbeigeströmten Landleuten vorgetragen wurden.

Jedenfalls – Tragödie sowohl wie Komödie entwickelten immer mehr Spielhandlung, bis beide sich schließlich in den uns heute bekannten klassischen Formen darboten.

Da es sich um Feste des Weingottes drehte, wurde bei allen diesen Gelegenheiten natürlich ausgiebig gezecht. Bei der sogenannten Weinweihe kam es sogar zu einem regelrechten Wettsaufen mit Siegerehrung und allem Drum und Dran. Manche trainierten dafür das ganze Jahr über.

Nicht zu beneiden war der Oberpriester des Dionysos. Er mußte während der ganzen Dauer der Dionysien seinem Gott opfern, und das zwang ihn, ununterbrochen Wein zu trinken. Gleichzeitig aber mußte er im Theater auf seinem Ehrenplatz präsent sein und sich viele Stunden lang sämtliche neuen Tragödien und Komödien anhören.

Nun, wird man sagen, das ist ja nicht so schlimm. Bei uns heutzutage kann »Götterdämmerung« auch gut und gerne sechs Stunden dauern; so etwas muß der Mann eben aushalten können.

Der Haken war aber, daß der arme Oberpriester nicht ein einziges Mal seinen Platz verlassen durfte. Auch nicht, um auf die Herrentoilette zu gehen. Und das bei dem andauernden Weingenuß!

Schließlich kam ein Priesterkollege auf die rettende Idee. Er ließ an dem bewußten Marmorsessel ein diskret verborgenes Abflußrohr anbringen.

Das früher oft zerquälte Antlitz des Oberpriesters soll von da ab immer einen zufriedenen Ausdruck gezeigt haben.

Nicht gut Kirschen essen war mit den »Rasenden«, den Mänaden, die von den Römern Bacchantinnen genannt wurden. Rasend machte die Damen der Geist des Gottes, der Ekstase hervorrief. Vielleicht hat auch der Weingeist eine Rolle gespielt.

Jedenfalls – die Mänaden rotteten sich zusammen, rannten mit wehendem Haar und lebenden Schlangen in den Händen lärmend durch die Wälder, griffen sich Jungwild, zerrissen es und verschlangen das Fleisch roh.

Männer wurden bei diesen Unternehmungen nicht geduldet. Als Ersatz verfielen die Mänaden gelegentlich auf orgiastische Handlungen untereinander. Vielleicht gaukelte ihnen ihre ekstatische Phantasie auch lockere Dämonen – wie die immer zu Sex aufgelegten Satyrn – vor. Nur Silen wäre ihnen nicht gefährlich geworden wegen seiner ständigen Volltrunkenheit.

Das Ganze hatte den Sinn, das Umherziehen des Dionysos und seines Gefolges nachzuspielen.

Nun kann man sich fragen: Was sagte denn die Ehefrau zu diesem Treiben?

Die Antwort ist einfach. Was kann eine züchtige Gattin machen, die mit einem Weingott verheiratet ist? Nichts vermutlich.

Dionysos war mit Ariadne, der Tochter des Kreterkönigs Minos, verheiratet. Er hatte sie zur Frau genommen, nachdem die Arme auf der Insel Naxos von dem unzuverlässigen Theseus mitten im Schlummer verlassen worden war. Richard Strauss komponierte nach dieser Affäre eine seiner bekanntesten Opern.

Offenbar hat sich Ariadne aber von der Ekstase nicht anstecken lassen, vielleicht mochte sie auch keinen Wein.

Jedenfalls – nachdem der erste Liebesrausch vorbei war, suchte der sinnenfrohe Dionysos ein wenig Abwechslung. Da er nun eine starke Neigung zum Mystischen hatte, hielt er eine geheimnisvolle Zeremonie ab, die bei seinen Anhängern den Namen »Heilige Hochzeit« bekam. Die mystische Braut war ebenfalls schon verheiratet, was die Geschichte noch mystischer machte.

Sie war die Frau des Archonten Basileus, eines der neun höchsten Staatsbeamten von Athen. Eine etwas undurchsichtige Angelegenheit.

Aber man muß daran erinnern, daß gerade bei dem Kult dieses Gottes phallische Symbole eine besondere Rolle spielten. Vielleicht hat Frau Basileus dem nicht widerstehen können.

Ebenfalls ungeklärt sind die Berichte von dem großen Zug, den Dionysos angeblich nach Indien unternommen haben soll. Vielleicht hat ihn jemand mit Alexander dem Großen verwechselt.

Die unerwartetste Sensation aber bereitete der Gott des Weines und Sohn des Zeus seinen Gefolgsleuten sozusagen aus heiterem Himmel: Er starb.

In der Orakelstätte Delphi, wo er schon als Kind verehrt worden war, zeigte man sein Grab.

Indes, es glaubte niemand so recht an sein Ableben. Schließlich waren die Götter unsterblich.

Auf dem Olymp – da war man ganz sicher – mußte der

unverwüstliche Dionysos weiterleben und weiterzechen. Wahrscheinlich hatte er sich nur aus der »Heiligen Hochzeit« zurückziehen wollen. So etwas kommt vor.

Dionysos war – wir haben es schon aus dem Munde Nietzsches gehört – Gegensatz und Widerpart des Apollon. Ein Sohn dieses strahlenden Phöbus steht jetzt auf unserem Programm.

Und damit fängt ein neues Kapitel an.

5. Götter und göttliche Gehilfen

Asklepios

Jene Sterblichen, die aus Begeisterung für Dionysos allzuviel von seinem Lieblingsgetränk, dem Wein, verkonsu-
miert hatten und nun an Kreislauf, Leber und Nieren erste
Schäden und Wehwehchen verspürten – jene Überzecher
wandten sich nun flehend an den Gott Asklepios, von den
alten Römer Aesculapius genannt und uns in der Kurzform
Äskulap geläufig. Seit alter Zeit verehrt als Gott der Heilkunst.

Früher war das Symbol der Gesundung eine Schlange.
Als dieses Reptil nun im Laufe vieler Jahrhunderte und
vieler Epidemien zum Gott personalisiert wurde, da gab
man ihm die Schlange als äußeres Zeichen.

Ein Stab, um den sich eine Schlange windet, ist noch
heute Attribut der Medizin. Besonders die wichtige und oft
tüchtige Gruppe der Militärärzte trägt diesen »Äskulap-
stab« auf der Uniform, ebenso wie ihr Personal. Man darf
ihn nur nicht mit dem »Kerykeion« des Hermes-Merkur
verwechseln, das zwei Schlangen hat.

Der uniformierte Heilungsuchende muß also genau auf

die Schlangenzahl achten, sonst kann er in manchen Armeen statt an einen Stabsarzt an einen Stabszahlmeister geraten, der nicht dem Gott der Heilkunst, sondern dem der Kaufleute untertan ist.

Asklepios galt als Sohn des strahlend-schönen Apollon und der weithin unbekannten, hauptsächlich in der griechischen Grammatik vorkommenden Koronis.

Seine Mutter ließ sich irgend etwas zuschulden kommen, was der Apollonschwester Artemis nicht gefiel. Diese schleppte die Koronis samt ihrem Knaben auf einen Scheiterhaufen und wollte gerade die Lunte anlegen, als im letzten Augenblick Apollon als Retter in der Not in Erscheinung trat. Um seinen Sohn Asklepios aus der Schußlinie der Artemis zu halten, gab er ihn einem hochgebildeten und medizinisch beschlagenen Kentauren namens Chiron zur Erziehung.

Als Asklepios nun herangewachsen war, hatte sein Studium so gute Früchte getragen, daß es keine Krankheit mehr gab, die er nicht heilen konnte.

Zeus sah sogar eines Tages zu seiner Überraschung, wie der unaufhaltsame Asklepios Tote erweckte. Das ging natürlich nicht! Damit griff Asklepios in das eigens von Zeus errichtete Weltgefüge ein.

Ordnung muß sein – auch bei der Götter GmbH. & Co. KG.

Zeus schleuderte also einen seiner gefürchteten Blitze und bestrafte den vorwitzigen Heilgehilfen mit dem Tode.

Aber wie wir schon wissen, war diese Strafe bei den Göttern meist nicht gleichzusetzen mit lebenslänglichem Verstorbensein. Asklepios kam infolge seiner göttlichen medizinischen Kräfte wieder zu sich und war bald schon in so guter Verfassung, daß er die Epione heiraten konnte.

Das war die passende Frau für ihn mit dem passenden Namen, denn Epione bedeutet »Die Lindernde«. Wer von Zeus mit dem Blitz getroffen worden war, konnte Linderung brauchen.

Der Ehe entsprossen zwei wichtige Kinder, eine Tochter und ein Sohn. Beide glänzend geeignet, dem Vater im Geschäft zu helfen.

Der Sohn hieß Telephoros, was auf deutsch »Vollender« heißt. Er vollendete die Kuren, die Papa Asklepios begonnen hatte, und erzielte dabei so nachhaltige Erfolge, daß er allgemein als Gott der Genesung verehrt wurde.

Die Tochter Hygieia war ebenfalls eine höchst nützliche Erwerbung. Sie galt als Göttin der Gesundheit. Für uns Zeitgenossen ist sie deshalb besonders wichtig, weil auf ihren Namen die Hygiene zurückgeht, die Lehre vom Gesundheitsschutz und von den Einflüssen der Umgebung auf des Menschen Wohlbefinden und Leistungskraft.

Hygieia wurde von den antiken Bildhauern als schönes junges Mädchen dargestellt, das eine Schale in der Hand hält und eine Schlange daraus trinken läßt.

Die Schlange mit der Schale ist heute noch ein anerkanntes Gesundheitssymbol und ein hoffnungsvolles Markenzeichen für Apotheken und Sanatorien.

Die Schlangengeschichte soll auf folgende Weise entstanden sein: Heilgott Asklepios hatte mehrere Kurorte, sogenannte Asklepieen, in denen er von eigenen Priestern und Ärzten verehrt wurde. Eines davon war Pergamon, nicht weit vom heutigen Izmir in der Türkei. In den Ruinen der großen Weihehalle steht der untere Teil einer geborstenen Säule, der immer wieder das ringsherumlaufende Motiv zweier, aus einer Schale trinkender Schlangen zeigt. Sie erinnern an eine alte Geschichte.

Eines Tages, im grauen Altertum, kam ein wohlhabender und einflußreicher Patient in das Sanatorium, klagte in der Aufnahmestation sein Leid und verlangte, vom Archiatros selbst – also vom leitenden Arzt – behandelt zu werden.

Von diesem griechischen Wort »Archiatros« kommt nebenbei bemerkt unsere deutsche Berufsbezeichnung »Arzt«.

Chefarzt im Asklepieion zu Pergamon war damals ein gewisser Calinos. Er untersuchte den Patienten gründlich, schüttelte dann den Kopf und sagte bedauernd:

»Ich kann Sie leider nicht aufnehmen, mein Herr. Sie sind viel zu krank, als daß Sie jemals wieder gesund werden könnten.«

Das war eine sehr geschickte Vorbeugungsmaßnahme. Die Ärzte des Asklepios wiesen ausnahmslos alle Kranken ab, denen sie keine Überlebenschance mehr gaben. Im Krankenhaus Verstorbene hätten sowohl ihrem eigenen Ruf als auch dem ihres Gottes sehr geschadet.

Glücklicherweise gehen moderne Ärzte – wie man hört – nicht mehr nach diesem strengen Ausleseprinzip vor.

Der todkranke Patient verließ verzweifelt den Arzt Calinos. Er war fest entschlossen, sich umzubringen. Wenn er sowieso nicht mehr zu retten war, dann lieber gleich hinunter zu Charon und Hades.

Während er noch über die beste und schnellste Selbstmordmethode nachgrübelte, sah er plötzlich zwei Schlangen, die eine weiße Flüssigkeit in eine Schale erbrachen.

Der Patient hielt das für ein Zeichen des Olymp. Sicher war die Flüssigkeit ein tödlich wirkendes Gift. Die Götter mußten die Schlangen gesandt haben, um ihm aus dem Leben zu helfen.

Dankbar riß der Mann die Schale an sich und trank das weiße Zeug aus. Und was geschah?

Schon nach kurzer Zeit fühlte er sich wohler. Die ganze Nacht und die folgenden Tage wartete er auf den Tod, und dabei ging es ihm immer besser und besser.

Als er sich wieder so kräftig vorkam, daß er glaubte, Bäume ausreißen zu können, marschierte er elastischen Schrittes zu Chefarzt Calinos und erzählte ihm die Geschichte.

Calinos war peinlichst überrascht, aber er verzog keine Miene, sondern zog sich mit größter Delikatesse aus der Affäre. Er befand, hier sei das wunderbare Wirken des Gottes der Heilkunst überdeutlich sichtbar geworden, und erklärte die Schale mit den beiden Schlangen von nun an zum Symbol des Sanatoriums Asklepieion zu Pergamon. Im Verlaufe der Geschichte der Medizin ist dann nur eine Schlange übriggeblieben.

Dieses Asklepieion hielt übrigens modernen Krankenhäusern gegenüber einen Rekord. In achthundert Jahren wurden Zehntausende von Patienten behandelt, und nicht ein einziger starb in dieser ganzen Zeit. Warum nicht – das haben wir soeben mit leichtem Augenzwinkern erfahren.

Wer aber in den Augen der Ärzte als wiederherstellungsfähig galt und daher aufgenommen wurde, der wurde auf hochinteressante Weise behandelt. Zuerst untersuchte man ihn gründlich – wahrscheinlich genauso, wie wir das auch

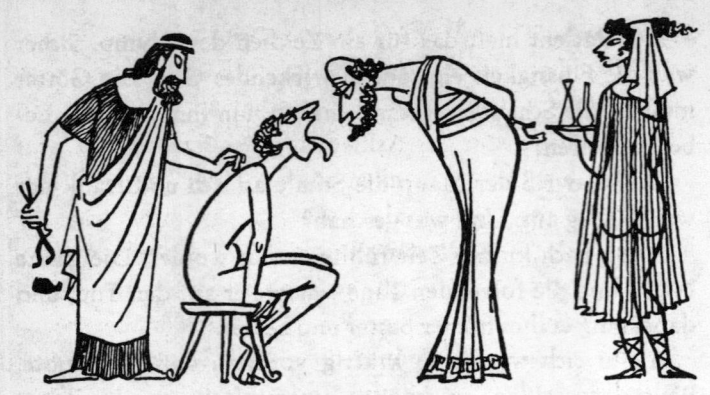

kennen – mit Zungeherausstrecken, »A« sagen und so weiter. Aber dann bekam er eine kostenlose·Droge und ging auf einen Trip in das sogenannte Traumzimmer, das im Tempel des Telephoros eingerichtet war.

Dort hörte er plötzlich – tief in seinem Dämmerzustand – die Stimme des Gottes Asklepios. Sie schien von oben zu kommen, geradewegs aus den lichten Höhen ewiger Gesundheit.

Der Patient hatte natürlich keine Ahnung, daß es an der Decke des Traumzimmers eine Öffnung gab und daß über dieser Öffnung einer der Priesterärzte saß, der die göttliche Stimme sozusagen in Vertretung von sich gab.

Er flüsterte die Namen bestimmter Medikamente und Drogen hinunter – der Patient hörte sie in seinem Trancezustand – und war später fest davon überzeugt, daß diese von Gott Asklepios höchstselbst verordnete Therapie das einzig Richtige für ihn und seinen Fall sei.

Und da der Glaube nicht nur Berge, sondern offenbar

auch Geschwülste, Magengeschwüre und sonstige Unzuträglichkeiten versetzen kann, wurde der Patient bald wieder gesund.

Das Management des Asklepieion-Sanatoriums tat aber auch alles, um ihn abzulenken und bei guter Laune zu halten, wenn er erst einmal in dieselbe gebracht war. Er konnte unter der Anleitung erfahrener Trainer alle möglichen Sportarten betreiben, er konnte sich aus den reichhaltigen Beständen einer großen Bibliothek immer neuen Lesestoff wählen, er konnte die wohltuenden Schlammbäder besuchen, in den Swimming-pools baden und Konzerte hören.

Außerdem konnte er ins Theater gehen. Das Sanatorium verfügte über eine eigene Bühne, auf der ständig Stargastspiele abgehalten wurden. Fünftausend Sitzplätze bot das Halbrund des Zuschauerraums. Mehr als jedes heutige Staatstheater.

Die schmackhafte und naturgemäße Ernährung wurde von den Priesterärzten zusammengestellt. Es gab viel Gemüse, viel Milch und Honig. Alles dies, verbunden mit der schon erwähnten weisen Voraussicht des Chefarztes, wirkte zusammen, so daß sich die Inschrift bewahrheitete, die über dem Haupteingang eingemeißelt stand: »Der Tod hat hier keinen Zutritt.«

Die Kosten für stationäre Behandlung waren äußerst gering. Jeder, der als geheilt entlassen wurde, mußte dem Gott Asklepios einen Hahn opfern. Einen!

Angesichts dieser Umstände möchte man sich heute manchmal wünschen, wir lebten noch in der Zeit der alten Griechen. Wenigstens was die Krankenhäuser anbelangt.

Und man soll nicht etwa glauben, die damaligen Mediziner hätten ihre Wissenschaft nicht beherrscht, oder ihr Handwerk. Gerade im Asklepieion zu Pergamon wirkte im zweiten Jahrhundert nach Christus der ehemalige Gladiatorensanitäter Galenos – von den Römern Galenus genannt –, der durch Studium, Können und unermüdliche Beobachtung zu einem der berühmtesten Ärzte des Altertums geworden war. Er übte bis weit in unsere Zeit hinein seinen Einfluß aus. Noch in den Jahren 1821 bis 1833 erschien die letzte, von Kühn besorgte Gesamtausgabe der Werke des Galenos in zweiundzwanzig Bänden als Lehrmaterial für Medizinstudenten.

Auf der Insel Kos vor der kleinasiatischen Küste stand ein ebenfalls berühmtes Asklepieion mit einer angeschlossenen weitbekannten medizinischen Hochschule. Hier lebte und arbeitete – lange vor der Zeit des Galenos – jener Mann, der ganz allgemein als der größte Arzt des Altertums galt: Hippokrates, unbestrittener Meister nicht nur der Behandlungsmethoden, sondern vor allem auch der Diagnose und der Prognose. Er konnte einem Kranken sagen, was ihm fehlte – oder was er zuviel hatte –, und er konnte ihm auch eine gewisse Aussicht auf die Dauer des Heilungsprozesses eröffnen. Gab es keine Rettung mehr, so konnte er am Gesichtsausdruck feststellen, daß der Patient im Sterben lag.

Viele moderne Ärzte können das auch. Aber sie sagen es nicht. Oder nur ungern. Erst nach dem letzten Seufzer der Agonie werden sie den Angehörigen gegenüber mitteilsam. Und dann geht alles auffallend schnell.

Das »Facies Hippocratica«, wie die Lateiner diese Veränderung der Gesichtszüge nannten, ist in die Bühnenliteratur eingegangen. In Büchners »Dantons Tod« kommt beispielsweise dieses »Hippokratische Gesicht« vor.

Hippokrates hatte eine sehr hohe Auffassung von den ethischen Pflichten des Arztes. Dieser Anschauung zufolge schwören Mediziner immer noch den sogenannten »Hippokratischen Eid«.

In seinen »Aphorismen« bekennt sich der antike Professor gelegentlich zu sehr drastischen, aber praktischen Behandlungsmethoden. Er sagt da:

»Was Medikamente nicht heilen, heilt das Messer – was das Messer nicht heilt, heilt Brennen!«

Diesen Kernsatz stellte Schiller seinen »Räubern« voran – in der lateinischen, nicht in der griechischen Fassung. Ein nützlicher Slogan, der nicht nur auf die Medizin, sondern auch auf andere Lebens- und Sterbensgebiete anwendbar ist. Schiller hatte ihn wahrscheinlich als Truppenarzt bei einem in Stuttgart stationierten Grenadierregiment mehrfach benutzen müssen. Heute gehört dieser Satz zum internationalen Handgepäck aller radikalen Revolutionäre.

Aber wir wollen über den sterblichen Ärzten nicht den unsterblichen Gott Asklepios aus den Augen verlieren.

Sein Hauptheiligtum lag in der Stadt Epidauros auf dem Peloponnes, eingebettet ins Tempe-Tal und umgeben von wohlgeformten Hügeln, die den ansprechenden Namen »Brüste der Hera« führen. Wer wollte da nicht gesund werden!

In Epidauros gab es damals warme Quellen, und um sie herum entstand unter der Schirmherrschaft des göttlichen Asklepios ein Kurzentrum mit allen Schikanen. Allein das

Katagogion, das »Kurhaus«, bot in hundertachtzig Hotelzimmern jeden antiken Komfort. Dazu kamen Badehäuser, zwei siebzig Meter lange Hallen für die Liegekur, Sportstätten, Bibliotheken, Bars und Restaurants – und natürlich das große dorische Hieron, der Tempel des Asklepios, in dem seine Statue aus Gold und Elfenbein stand.

Bemerkenswert war das Theater von Epidauros, das als schönstes und größtes der griechischen Welt galt. Noch von der obersten der fünfundfünfzig Sitzreihen konnte man – und kann man heute noch – das Klingeln von Münzen und das Rascheln von Papier tief unten in der runden Orchestra hören. So hervorragend war die Akustik. Vermutlich hat das Publikum damals jedes Wort besser verstanden als heutzutage über Mikrofon.

Was die Therapie anbelangt, so pflegte man im Asklepieion zu Epidauros zunächst die sogenannte Tempelmedizin. Man glaubte, alle Krankheiten seien Heimsuchungen durch irgendwelche mißgünstig gestimmte Götter oder Dämonen. Später wandte man sich aber auch der wissenschaftlichen Medizin zu, und bei den Ausgrabungen sind viele Inschriften entdeckt worden, die eine Reihe höchst bedeutsamer und fortschrittlicher Erkenntnisse festhalten. Sozusagen ein Lehrbuch an der Wand.

Die Archäologen fanden auch eine Gruppe von Stelen – kleinen Erinnerungssäulen also –, die von besonders aufsehenerregenden Krankheitsfällen und deren Heilung berichteten.

Eine dieser Stelen diente vermutlich als Warnung. Ein Blinder war nach Epidauros gekommen und im Asklepieion durch die Gunst des Gottes wieder sehend geworden.

Nun aber lehnte der Undankbare es ab, sich erkenntlich zu zeigen. Prompt nahm ihm Asklepios das Augenlicht wieder weg. Der Patient hatte den obligaten Hahn nicht geopfert.

Alle fünf Jahre wurde in Epidauros ein großes Fest zu Ehren des Gottes der Heilkunst veranstaltet, das viele Fremde anzog. Sicher waren auch einige Römer darunter; 293 vor Christus wurde jedenfalls der Asklepios-Kult in Rom als Dienst des Aesculapius eingeführt.

Auf der wie ein Schiff gestalteten, damals noch unbewohnten Tiberinsel im Bogen des Flusses weihten die Römer im Jahre 291 dem Gott einen prächtigen Tempel.

Heute steht auf seinen Ruinen eine Kirche; gleich daneben gibt es ein Altersheim und in der Nähe am Tiberufer ein Krankenhaus. Äsculap beherrscht also diese Gegend noch immer.

Nach der Errichtung des Tempels kamen nach und nach auch ausländische Ärzte nach Rom. Einer von ihnen – der sich nach seinem Gott Asklepiades nannte wie viele der Jünger – kam aus der Stadt Prusa in Bithynien, also aus dem Nordwesten Kleinasiens. Er gründete in Rom eine gutgehende Praxis und war um das Jahr 40 vor Christus herum so eine Art Modearzt. Wer unter den oberen Zehntausend etwas auf sich hielt, war bei Asklepiades in Behandlung und zahlte ohne zu murren dessen saftige Honorare, denn nur für einen Hahn taten es die späteren Diener des Gottes der Heilkunst nicht mehr.

Plinius der Ältere berichtet in seiner »Naturgeschichte« von einem Patienten, der in der römischen Kaiserzeit nach deutscher Währung über eine halbe Million Mark für seine Heilung bezahlen mußte.

Man weiß nicht genau, was der gute Asklepiades um das Jahr 40 verdient hat. Wahrscheinlich waren die Honorare damals noch republikanisch und nicht fürstlich.

Jedenfalls war dieser Onkel Doktor »in«, wie man heute sagen würde. Und ich weiß nicht, ob er seinen großen Zulauf nicht seiner so überaus angenehmen Behandlungsmethode verdankte. Asklepiades kurierte die Patienten nämlich mit Wein.

Innerlich angewendet.

Eros

Nun gab es leider Krankheiten, bei denen kein Wein half und keine andere Medizin. Die Patienten konnten sich ohne jede Schwierigkeit selbst die Diagnose stellen, sie wußten auch ganz genau, was ihnen Hilfe bringen würde, aber dieses Rezept anzuwenden, lag nicht in ihrer Macht. Diese Patienten waren liebeskrank, meist infolge unerwiderter Zuneigung auf der Gegenseite.

Und da konnte Asklepios, der Gott der Heilkunst, nichts machen. Krankheitssymptome solcher Art fielen in die Zuständigkeit eines anderen Olympiers – des Liebesgottes Eros.

Eros war so unverschämt, daß es ihm völlig gleich war, ob jemand glücklich oder unglücklich liebte. Er schoß einfach seine Pfeile den Menschen in die Herzen und freute sich, wenn sie Wirkung zeigten.

Und nicht nur die Sterblichen waren ihm wehrlos ausgeliefert, auch die sonst so allmächtigen Götter konnten diesem immer freundlich lächelnden Bösewicht nicht widerstehen. Da halfen weder Blitze, noch Drogen, noch Pillen.

Nach dem schon mehrfach erwähnten Hesiod gebar das Chaos den Eros aus sich selbst, als einen der dienstältesten Götter.

Die Geheimlehre der Orphiker-Sekte nahm an, er sei aus dem sogenannten »Welt-Ei« geschlüpft.

Später ging man von diesen phantastischen Vorstellungen ab und akzeptierte eine mehr oder weniger reale und daher glaubhaftere Version, derzufolge Eros die Frucht eines Seitensprunges der Liebesgöttin Aphrodite mit dem Kriegsgott Ares war.

Sofort bildete sich eine Gegenpartei, die dem bluttriefenden Ares die Vaterschaft an dem zarten lieblichen Knäblein absprach und dafür den Götterboten Hermes als heimlichen Liebhaber ins Treffen führte.

Nur auf die Idee, Aphrodites rechtmäßiger Gatte, der Feuer- und Schmiedegott Hephaistos, könne den Eros im legalen Ehebett gezeugt haben – auf die Idee kam niemand. Hephaistos erwies sich als bereits so vertrottelt, daß er dem unehelichen Eros auch noch eigenhändig die Liebespfeile schmiedete.

Mit diesen Pfeilen und dem dazugehörigen Bogen in den Händchen wurde Eros von den bildenden Künstlern dargestellt, meistens als kleines Kind, das nie erwachsen wurde, höchstens als heranwachsender Teenager. Fast immer trug er Flügel, um sich rascher fortbewegen zu können. Sonst hätten sich die alten Griechen gewundert, wieso in Athen, Sparta und Theben die Menschen gleichzeitig liebeskrank wurden. Und noch ein paar Götter dazu.

Hauptkultort des launischen Knaben war die Stadt Thespiai in Böotien. Dort stand sein schönster Tempel und in dem Tempel seine berühmteste Statue, gemeißelt von dem großen Bildhauer Praxiteles.

Das Werk war eine Stiftung einer aus der Stadt gebürtigen Dame, die allen Grund hatte, dem Eros in dankbarster Verehrung zugetan zu sein. Diese Dame – die eigentlich keine Dame war – lebte im vierten Jahrhundert vor Christus und hieß Mnesarete, aber alle Welt – vor allem die Halbwelt – nannte sie bei ihrem Spitznamen Phryne.

Die Bezeichnung soll »Kröte« bedeutet haben und wurde der Mnesarete angeblich deshalb verliehen, weil sie so blaß war. Nun kann man sich fragen, wieso Kröten blaß sind. In solchem Falle wäre doch eher ein Spitzname wie »Grottenolm« angebracht. Aber vielleicht hatte Phryne auch noch Warzen im Gesicht.

Viel wahrscheinlicher ist jedoch, daß der gehässige Spitzname einer neidvollen Intrige der weniger vom Glück begünstigten Nebenbuhlerinnen entsprang. Denn Phryne soll in der Blüte ihrer Jahre eine Figur mit lauter Idealmaßen besessen haben.

Und von Beruf war sie Hetäre. Dieses Wort klingt vollständig harmlos. Es bedeutet im Griechischen nichts weiter als »Gefährtin«. Aber jeder wußte natürlich, was gemeint war.

Die Gefahren des Gefährtinnenlebens nahmen die Hetären nur gegen bare Münze oder reiche Geschenke auf sich. Sie stellten die oberste Rangordnung jenes Gewerbes dar, das immer wieder als das älteste der Welt bezeichnet wird, obwohl Kenner diesen historischen Anspruch bezweifeln. Sie führen mit Recht an, daß es vorher schon andere Gewerbetreibende gegeben haben muß. Sonst hätte ja kein Freier das Geld gehabt, um die freundlichen Damen zu bezahlen.

Die Hetären waren meist hochgebildet, kannten sich in Literatur, Philosophie, Geschichte und Musik aus und waren daher in der Lage, erschöpften Managern der Antike weitaus kurzweiligere Unterhaltung zu bieten, als deren angetraute Gattinnen, die als schlichte Heimchen am Herd zu Hause wirkten und sich um die Kinder kümmerten.

Man sieht – auch in diesem Punkt hat sich unserer Zeit gegenüber fast nichts geändert, ausgenommen vielleicht die Honorare.

Damals wie heute kannte der interessierte Herr entweder die Adressen der Hetären, oder er fand die ambulanten Damen in den Hallen internationaler Luxushotels sitzend. Im ungünstigsten Fall bat er den Barmann um entsprechende Vermittlung.

Die Spitzenkräfte unter den Hetären machten manchmal eine erstaunliche Karriere. So weiß man von einer gewissen Aspasia aus Milet, daß sie von der Gefährtin zur Gattin des athenischen Aristokraten, Parteivorsitzenden und Gesetzgebers Perikles aufstieg. Nicht ohne beißenden Spott von seiten der attischen Komödienschreiber und nicht ohne Prozesse, die politische Feinde gegen sie anstrengten. Und solche Prozesse waren damals wie heute Labsal für die Berichterstatter und für die anteilnehmende Bevölkerung.

Auch von Anzeichen ausgesprochener Großzügigkeit wird aus Hetärenkreisen erzählt. Wen rührt es nicht, wenn er hört, daß Lais die Ältere dem mittellosen kynischen Philosophen Diogenes intime Gesellschaft leistete, ohne einen Pfennig dafür zu verlangen? Wobei noch erschwerend hinzukam, daß Diogenes nicht nur kein Geld zu bieten hatte, sondern auch keinerlei Komfort. Er wohnte, wie man weiß, in einem Faß, verfügte nur über einen alten Mantel, einen Brotbeutel, einen Wanderstab und einen Becher und warf den letzteren auch noch weg, als er sah, wie jemand Trinkwasser mit der hohlen Hand schöpfte.

Mit solchen Utensilien könnte man eine moderne Gefährtin nicht mehr locken. Höchstens reine Amateurinnen, die in einschlägigen Hippiegruppen Idealismus und Entbehrungen erlernt haben.

Vielleicht hat der Lais die Philosophie des Kynikers Diogenes imponiert.

Als ihn Alexander der Große besuchte – immerhin nicht der nächste, beste – und ihm einen Wunsch freigab, soll er nur gesagt haben:

»Geh mir aus der Sonne.«

Das war damals noch viel gewagter, als wenn ein heutiger Grieche zum amerikanischen Präsidenten oder zum russischen Parteichef dasselbe sagen würde.

Außerdem stellte Diogenes – vermutlich zum insgeheimen Vergnügen der Hetäre Lais – allerhand radikale Forderungen auf. Er verlangte die Abschaffung der Ehe, die Übernahme sämtlicher Frauen in Gemeineigentum, schimpfte in allen Tonarten auf den Staat und nannte sich Kosmopolit, also »Bürger des Weltalls«. Die größte Frechheit aber war seine Behauptung, der Mensch könne nur im Zeichen der Schamlosigkeit gedeihen und »Das, was alle tun, das darf auch öffentlich getan werden!«

Von dieser kynischen Forderung war die ganze gesittete Umwelt schockiert, und bis heute hat der Kynismus – oder Zynismus, wie wir sagen – einen unangenehmen Beigeschmack. Jedenfalls in den Augen der Konservativen.

Die progressive Jugend denkt da anders und praktiziert einige der Kynismen des seligen Diogenes recht ungeniert.

Aber zurück zu Phryne. Die schöne blasse Hetäre mit dem Superkörper stand in ihren freierfreien Stunden gerne Modell für berühmte Künstler. So für den Maler Apelles und den Bildhauer Praxiteles. Immer als Venus natürlich.

Und da sie aufgrund ihres Gewerbefleißes und ihrer anerkannten Geschicklichkeit in Sachen Erotik beträchtliche Reichtümer anhäufen konnte, kam sie schließlich auf die Idee, bei Meister Praxiteles die erwähnte Statue des Liebesgottes für den Eros-Tempel ihrer Heimatstadt Thespiai zu bestellen.

Dort fanden alle vier Jahre große Festlichkeiten zu Ehren des kindlichen Bogenschützen statt, die »Erotidien«. Mit Gelagen, Opferzeremonien und Prozessionen.

Außerdem gab es Wettkämpfe. Aber nur sportlicher Art. Phryne zog sich, wie die meisten ihrer arrivierten Berufsgenossinnen, immer wie eine vollendete Dame an. Auf Leichtgeschürztes in der Öffentlichkeit warteten ihre zahllosen Bewunderer vergeblich.

Nur bei drei Gelegenheiten machte sie eine Ausnahme. Bei den Eleusinischen Mysterien, bei den Feiern zu Ehren Poseidons und beim Aphroditenfest warf sie auf den jeweiligen Tempeltreppen sämtliche Textilien von sich und zeigte sich für einen Augenblick völlig nackt.

Es wird berichtet, daß die Kenner weiblicher Schönheit aus weit entfernten Gebieten angereist kamen, um diesem erbaulichen Moment beizuwohnen. So spielte Phryne eine wichtige Rolle im Fremdenverkehr, und vielleicht haben ihr die damaligen Hoteliers sogar Prozente gezahlt.

Zwischendurch machte sie auch einmal einen Fehler. Sie legte sich mit dem Klerus an. Bei so vielen verschiedenen Göttern konnte es schon einmal vorkommen, daß sich die geistlichen Herren irgendeines Kultes im Namen ihres Gottes beleidigt fühlten. Sie brachten also die Phryne wegen religiösen Fehlverhaltens vor Gericht.

Aber auch hier half ihr wieder ihre Schönheit. Nach einer flammenden Verteidigungsrede griff ihr Rechtsanwalt zu, riß ihr das Gewand auf und entblößte ihren Busen. Diesen hervorragenden Argumenten konnten sich die Richter nicht verschließen und sprachen die Phryne frei.

Eros selbst hatte eine große Liebe. Sie hieß Psyche, das bedeutete ursprünglich Atem, später wurde der Name zum Inbegriff der Seele.

Psyche galt als »Seelenvogel«, der im Augenblick des Todes den Menschenleib verläßt. Sie wurde daher als Vogel dargestellt oder auch als Schmetterling. Die Zoologen haben das übernommen und eine ganze Schmetterlingsgattung »Psyche« genannt.

Eros verliebte sich als Heranwachsender in das schöne, zarte Mädchen und gab damit den bildenden Künstlern ein besonders anmutiges Thema.

Der große Raffael behandelte es in seinen Fresken in der Villa Farnesina zu Rom und später Antonio Canova in einer berühmten Plastik, die heute der Pariser Louvre besitzt.

Liebe und Seele – so ein harmonischer Begriff rührte früher die Betrachter und machte das Geld der Kunstmäzene locker.

Die Allegorie der Liebe des Eros zur Psyche beschäftigte natürlich auch die griechischen Philosophen, besonders den prominenten Athener Platon. Er sah in Eros den stets lebendigen philosophischen Wissensdrang, der den Menschen befähigt, von der Welt der äußeren Erscheinungen zur Ideenwelt vorzustoßen und ihre inneren Beziehungen zu erkennen.

Dieser Trieb – verbunden mit der Hinwendung zur Seele – bedeutete den denkenden Menschen der Antike die sogenannte platonische Liebe.

Keineswegs das, was man heute darunter verstehen will. Hier waltet ein Mißverständnis, das sich auf die falsche Interpretation der Rede eines gewissen Pausanias bezieht – gehalten in Platons »Symposion«, anläßlich eines »Gastmahls mit anschließendem Umtrunk« also.

Die Geschichte von Eros und Psyche wurde im 2. Jahrhundert nach Christus von einem sehr freimütig formulierenden römischen Sittenschriftsteller namens Apulejus aufgegriffen und in seinem teilweise recht schlüpfrigen Roman »De asino aureo«, auch »Metamorphosen« genannt, verwendet. Apulejus schrieb das, was die Leute damals gerne lasen: eine geschickte Mischung von Sex und Satire.

Auch hier bietet unsere Zeit Parallelen. Nur haben wir mehr Sex entwickelt und dafür weniger Satire. Des Apulejus »De asino aureo« ist übrigens auch in deutscher Übersetzung erschienen unter dem Titel »Der goldene Esel«.

Das Weltzentrum Rom hat den griechischen Eros natürlich sofort und freudestrahlend übernommen. Sie nahmen ihn so, wie er war, und gaben ihm lediglich zwei neue Namen zur Auswahl: Amor und Cupido. Und unter diesen Namen wurde er genauso berühmt wie seinerzeit als Eros in Griechenland.

Amor leiteten die Römer von den Worten amare (lieben) und Amor (Liebe) ab. Noch heute beschwören die »Papagalli« die »amore«, wenn sie sich an italienischen Badeständen nordischen Blondinen nähern, weil sie glauben, daß wahre Liebe nur in der Heimat des Gottes Amor vorkommt. Einer der mannigfachen Irrtümer, denen sowohl die Italiener als auch die nordischen Blondinen zuweilen unterliegen.

Wenn auch Amor-Cupido in Rom nie öffentliche Verehrung von Staats wegen genoß, so spielte er doch eine bedeutende Rolle in der bildenden Kunst. Bildhauer und Maler auch späterer Epochen schilderten vor allem sein Zusammenleben mit seiner Mutter Venus.

Auch sie verschonte der kleine Liebesgott nicht mit seinen Pfeilen und stürzte sie dadurch immer wieder in die verschiedensten amourösen Abenteuer, bis es ihr schließlich zu dumm wurde.

Angeblich zog sie einfach ihren Schuh aus und versohlte den frechen Knaben damit.

»Venus züchtigt Amor« – das wurde ein beliebtes Bildmotiv durch alle Zeiten, und vornehmlich die Aristokratie im verliebten Rokoko hängte sich solche erbaulichen Werke an die Zimmerwände ihrer Schlösser oder ließ sie al fresco an die Decken malen. Meistens waren auf diesen Bildern als Zugabe reizende geflügelte Kinder zu sehen, sogenannte Putten.

Sie kommen auch sonst in der bildenden Kunst vor, und wenn sie aus Holz und beispielsweise von Ignaz Günther sind, dann gehen sie auf einschlägigen Auktionen für teures Geld weg wie die warmen Semmeln, weil sie sich über dem offenen Kamin oder dem Schreibtisch wichtiger Personen so wirkungsvoll ausnehmen.

Fromme Christen sehen in ihnen Engelskinder, aber die wahren Urbilder dieser aus Italien entlehnten »Putti« sind die kleinen griechischen »Eroten« und römischen »Amoretten«, die dem Eros – beziehungsweise dem Amor – als Gefolge beigegeben wurden.

Bei den Ausgrabungen in dem römischen Luxuskurort Pompeji entdeckte man 1896 in der Straße des Mercurius das sogenannte »Haus der Vettier«. Es hatte einst zwei Brüdern gehört, die beide mit Vornamen Aulus hießen. Lange Zeit waren sie Sklaven der prominenten Patrizierfamilie Vettius gewesen. Als sie dann freigelassen wurden – wie es braven Sklaven häufiger geschah –, da nahmen sie aus Ehrerbietung zusätzlich den Namen Vettius an. Sie wurden durch Weinhandel reich – neureich könnte man sagen – und bauten sich alsbald dieses protzige Haus.

Dort wimmelte es von Statuen und anderen künstlerischen Statussymbolen, und die Archäologen fanden besonders viele Eroten und Amoretten. Ein vollständiger, feingemalter Fries zeigt diese geflügelten Kinder bei der Verrichtung aller möglichen Arbeiten: Sie hämmern als Goldschmiede, sie bedienen Kundinnen als Juwelenverkäufer, sie stellen Parfums her, und sie produzieren sich sogar als Wagenlenker im Rennen.

Hätten die Heinzelmännchen zu Köln am Rhein Flügel gehabt – man könnte denken, sie wären die Nachfolger der Amoretten, die einst von der römischen Besatzungsmacht in der alten Colonia Agrippinensis eingeführt wurden.

Womit wieder einmal bewiesen wäre, daß Amor immer und überall zu siegen gewohnt ist.

Priapos

Über diesen Gott konnten unsere Groß- und Urgroßeltern nur hinter der vorgehaltenen Hand sprechen, wenn er überhaupt jemals in eine Konversation Eingang fand.

Auch Abbildungen seiner zahlreichen Statuen erschienen in sogenannten »anständigen« Büchern nicht.

Sein besonderes Merkmal war nämlich eine drastisch vergrößernde Hervorhebung eines bestimmten männlichen Körperteils.

Priapos war – wie sein Gesichtsausdruck auf mancher erhaltenen Bildsäule beweist – auf diesen Umstand sehr stolz. Insofern kann er in eine gewisse Beziehung zu Eros-Amor gebracht werden, wenn auch auf rein zweckbestimmtem Niveau. Und gänzlich ohne Psyche.

Aber ohne ihn ging nichts. Deshalb übernahmen ihn natürlich auch die Römer. Sie latinisierten seinen Namen zu Priapus und betonten ihn auf dem a. Aber sonst veränderten sie nichts an ihm. Und er genoß daher im sexbetonten Rom der Kaiserzeit ungeheure Popularität.

Ursprünglich war Priapos wohl eine Art Fruchtbarkeitsdämon. Aber schon ziemlich früh wurde er zum Gott der Libido sexualis erhoben – zum Gott der Geschlechtsbegierde und des Geschlechtsgenusses, anscheinend um einem dringenden Bedürfnis abzuhelfen.

Er bekam auch sofort seinen eigenen Mythos, wie auch die passenden Eltern. Ein Sohn des Dionysos und der Aphrodite sei er, wurde überall verbreitet. Diese erlauchte Abstammung gewährte ihm Zugang zu den besten Kreisen.

Wie es scheint, wurde er zuerst in der kleinasiatischen Stadt Lampsakos am Hellespont, den heutigen Dardanellen, verehrt. Von dort aus eroberte er sich, aufgrund seiner ausgeprägten Vorzüge, Griechenland und Italien. Und wenn man es recht bedenkt, eigentlich die ganze Welt.

Ihn darzustellen machte den Bildhauern wenig Mühe. Der Kopf war nicht wichtig. Jeder starrte nur auf den unerhörten Phallos. Vielleicht erinnerten sich einige Damen – nur ganz am Rande und schwach –, daß er außerdem noch einen Vollbart trug. Offenbar hat es aber auch Mädchen gegeben, die von dem zwar stark gebauten, aber kaum schön gebildeten Priapos nichts wissen wollten. Der in Liebesdingen bekanntlich sehr beschlagene römische Dichter Ovid läßt sich da als Zeuge anführen.

Er berichtet die folgende Geschichte: Im alten Griechenland war gerade die Zeit der Wintersonnenwende, und man feierte wie üblich das winterliche Dionysosfest, bei dem traditionsgemäß besonders viel getrunken wurde. Der Wein war kostenlos, eine wohltätige Spende des Gottes. Serviert wurde das anregende Getränk von fast nackten Wassernymphen, sogenannten Najaden.

Sämtliche einschlägigen Göttergehilfen waren ebenfalls versammelt. Es wimmelte von Satyrn, von Nymphen aller Dienstgrade und von Pansgestalten. Pan selbst war natürlich auch mit von der Saufpartie und der im Weindunst schwankende Silen, samt seinem Kummer gewöhnten Esel.

Solange es Tag war, nahmen die Zechgenossen die überall herumwirbelnden nackten Mädchenkörper in wohlwollenden Augenschein und suchten sich die Partnerinnen für die Nacht aus, hierin den Sitten und Gebrauchsanweisungen des göttlichen Dionysos folgend. Priapos, der selbstverständlich auch dabei war und unermüdlich mit seinem männlichen Merkmal angab, interessierte sich heftig für eine gewisse Lotis und überhäufte sie mit Aufmerksamkeiten. Die schöne Lotis wollte aber von dem häßlichen Priapos nichts wissen. Leider machte sie einen Fehler, den hübsche Mädchen niemals machen sollten – sie trank zuviel.

Der Wein löst zwar die Zunge, aber er fesselt nach einer gewissen Zeit und einem gewissen Quantum die Glieder. Lotis legte sich schließlich – als die Nacht hereinbrach – todmüde unter einen Baum, um ihren beträchtlichen Schwips auszuschlafen. Jetzt glaubte Priapos den Augenblick zum Handeln gekommen. Vorsichtig kroch er heran, griff nach dem klassischen Körper, die schlaftrunkene Lotis leistete kaum Widerstand, alles schien ganz in des Priapos Sinne zu verlaufen – und was passiert da plötzlich?

Der Esel des vollständig besoffenen Silen fing auf einmal zu schreien an. Wer jemals Esel schreien gehört hat, der weiß, daß sie Scheintote erwecken können.

Lotis fuhr hoch, sah den aktionsbereiten Priapos und begann nun ihrerseits zu schreien. Sie stieß den ungebetenen Liebhaber von sich und lief so lange auf der Festwiese umher, bis jeder Schläfer erwacht war und sogar die noch tätigen Liebenden voneinander abließen. Alle scharten sich um den verdattert dastehenden Priapos und lachten ihn nach Strich und Faden aus.

In seiner Wut griff er sich das nächste Schwert und tötete den Esel, obwohl das arme Tier ja ohne jede Absicht geschrien hatte. Seit diesem Abenteuer – so heißt es – habe man dem Priapos regelmäßig Esel geopfert.

Die abstoßende Häßlichkeit des Priapos wird in allen Berichten immer wieder hervorgehoben. Das ist verwunderlich, denn schließlich war er doch der Sohn der über alle Maße schönen Aphrodite. Und auch Papa Dionysos zählte nicht gerade zu den äußerlich Minderbemittelten.

Es soll sich in diesem Fall wieder einmal um eine Rache der Hera gehandelt haben. Und zwar hatte sie es der Aphrodite nie verziehen, daß diese ihr beim Paris-Urteil den Apfel der Schönheit weggeschnappt – oder vielmehr wegintrigiert – hatte. Als Revanche verunstaltete sie den Aphrodite-Sohn Priapos und rüstete ihn auch noch mit dem überdimensionalen Phallos aus. Eine unfeine Anspielung darauf, was ihrer Meinung nach für die Göttin der Liebe das wichtigste sei. Die Affäre spricht keineswegs für den edlen Charakter der Göttermutter.

Aphrodite war – so erzählt man – denn auch so wütend, daß sie den armen und völlig schuldlosen Priapos verstieß.

Man tat – und tut – übrigens dem Priapos unrecht. Seine Aufgaben waren keineswegs einseitiger Natur. Ihm unterstanden beispielsweise als oberstem Flurhüter auch die Fluren, daneben die Gärten und Parkanlagen. Überhaupt alle parzellierten, aber unbebauten Grundstücke, und außerdem sogar noch der Fischfang und die Bienenzucht.

Er war also ein sehr nützlicher und daher wichtiger Gott, und es ist verwunderlich, daß man gerade ihm keinen Tempel geweiht hat. Dafür standen in allen Gärten und Fluren – sogar an vielen Stellen mitten in der Stadt – seine Statuen und Hermensäulen.

Auch wenn eine einfache Stele nur seinen Kopf trug – der Phallos fehlte nie. Der Gott mußte ja schließlich zu erkennen sein.

Verehrt wurde er hauptsächlich von Frauen und Mädchen. Das blieb auch so, als Rom seinen Kult übernahm. Außer in der Ewigen Stadt hat man besonders in Pompeji die meisten Priaposstatuen und -abbildungen auf italienischem Boden gefunden. Also in der Weltmetropole und im Luxuskurort.

Das gibt zu denken.

Im schon erwähnten Haus der Brüder Vettius steht in einem kleinen Baderaum die Priaposfigur eines – diesmal allerdings wohlgebildeten – Jünglings, der auf höchst natürliche Weise Wasser speit. Der Raum, in dem der Wasserspender entdeckt wurde, ist rekonstruiert. Es handelt sich um ein ehemaliges Lupanar der lebenslustigen Brüder.

Wer bei dem Wort stutzig wird, der braucht nur daran

zu denken, daß »lupa« auf lateinisch »Wölfin«, aber auch »Dirne« bedeutet. Und schon kann man sich vorstellen, welchen Zwecken dieser anregende Raum mit dem Wasserspeier diente.

Der priapische Jüngling ist für damalige und neuerdings auch wieder für gegenwärtige Begriffe ganz harmlos. Aber in den pompejanischen Wandgemälden findet sich allerhand Pornographisches. Diese Kunstwerke werden jedoch weiblichen Touristen ungern oder gar nicht gezeigt.

Die eifrigen Archäologen gruben gerade in Pompeji eine Unzahl priapischer Amulette, Öllämpchen und Gemmen aus. Es muß sich um ein sehr beliebtes Motiv der römischen »Art Deko« gehandelt haben.

Auch in der Poesie war der Einfluß des Priapos – oder lateinisch Priapus – so stark, daß er einer ganzen Gattung von unverschämt eindeutigen Gedichten seinen Namen gab. Man nannte derartige Verse »Priapea«, und aus der Zeit des Kaisers Augustus ist eine Sammlung von achtzig saftigen Gedichten erhalten. Also aus dem sogenannten Goldenen Zeitalter der Dichtkunst.

Man weiß, daß die antiken Menschen ihre Götter überschätzten. Das wird besonders im Fall Priapos deutlich. So wird er doch auf einer erhaltenen Inschrift aus Dacien – das lag nördlich der Donau – geradewegs als »Pantheus« bezeichnet – als »Allgott«, nach dem Motto: Einer genügt – aber wenn nur einer – dann so einer!

Und eine Priapos-Herme – die zu den unsichtbaren Beständen des Vatikanischen Museums gehört – zeigt über Männerschultern einen Hahnenkopf, dessen Schnabel zu einem riesigen Phallos ausgestaltet ist.

Auf dem Sockel steht die griechische Inschrift:
ΣΩΤΗΡ ΚΟΣΜΟΥ – Soter Kosmoy.
Auf deutsch: »Retter der Welt.«
Aber das geht entschieden zu weit!

6. Allerlei Fußvolk

Echo

Lassen wir jetzt Priapos links liegen – oder meinetwegen stehen – und wenden wir uns einer sanfteren Erscheinung zu: der lieblichen Nymphe Echo.

Sie lebte in Arkadien, jener vielbesungenen Landschaft im Inneren des Peloponnes, die den Dichtern als Gefilde von hehrer Sitte, unangreifbarer Moral und ländlichem Frieden galt.

Echo war ein Muster von einer Nymphe, bis auf einen entscheidenden Fehler, der allerdings vielen Mädchen mit Recht oder Unrecht nachgesagt wird: Echo war schwatzhaft.

Kein Sterblicher und sogar kein Unsterblicher kam bei ihr zu Wort. Das verdroß Hera, die immer und überall auf Disziplin achtete. Sie bestrafte die Quasselnymphe auf eine höchst empfindliche Weise: Echo konnte an niemand zuerst das Wort richten, aber wenn ein anderer sprach, konnte sie nicht den Mund halten.

Das wurde ihren Gesprächspartnern bald lästig, und sie zogen sich zurück.

Aber das war noch nicht das Schlimmste. Echo hatte ausgesprochen Pech mit ihren Liebhabern.

Da war zunächst der komische Pan, der ihr ununterbrochen nachstellte, ohne sie zu erwischen.

Nun, das griff ihr nicht ans Herz, denn ihr Herz gehörte einem anderen. Einem gewissen Narkissos, den die Lateiner Narcissus und wir – abgekürzt – Narziß nennen.

Narkissos war der Sohn eines Flußgottes namens Kephisos und der Nymphe Leiriope. Er war so schön, daß er heutzutage längst beim Film als jugendlicher Liebhaber oder beim Fernsehen als Show-Moderator beschäftigt wäre. Auch eine Karriere als Dressman in ersten Pariser Kreisen oder als Strandmodell an der Riviera hätte er ins leuchtende Auge fassen können. Jedenfalls würde man ihn heute ununterbrochen fotografieren, und daß man das zu seiner Zeit noch nicht konnte, war eigentlich sein Glück, bis – also, wir werden es gleich sehen.

Die Nymphe Echo hatte sich mit aller Seelenkraft und Herzensgewalt in ihn verliebt.

Die Sache stand auch gar nicht so ungünstig; Echo hatte Grund zu der Annahme, daß sich auch auf der Gegenseite zarte Gefühle zu regen begannen – da passierte ein ärgerlicher Zwischenfall. Narkissos lustwandelte eines sonnigen Tages durch das berg- und hügelreiche Arkadien. Gegen Mittag wurde ihm heiß, und um seinen Durst zu stillen, machte er Rast bei einer Quelle. Unterhalb der Quelle hatte sich im Schatten ein kleiner, tiefgrüner Weiher gebildet.

Als sich nun Narkissos darüber beugte, um mit der Hand die kühle Labe zu schöpfen, da sah er auf der stillen Wasserfläche zum erstenmal in seinem Leben sein Spiegelbild.

Der Jüngling war hingerissen von soviel Schönheit.

Unverwandt starrte er sein Konterfei an, und je länger er hinsah, desto seliger war er. Er konnte sich einfach nicht losreißen von seiner eigenen Glamour-Gestalt. Mit dem Erfolg, daß sich Narkissos in Narkissos verliebte und jeden Gedanken an Echo aus seinem Oberstübchen vertrieb.

Echo bekam das sehr bald heraus. Männer, die fremdgehen, entwickeln ungewohnte Eigenheiten. Und Männer, die gar mit sich selbst fremdgehen, werden vollends schrullig. Daher gilt ja auch für diese Abart heute noch der wissenschaftliche Begriff »Narzißmus«.

Den Narkissos können wir jetzt aus den Augen verlieren. Er interessierte sich nur noch für die eigene Person und wurde schließlich von den Göttern dafür bestraft und in eine Blume aus der Gattung der Amaryllidazeen verwandelt, die uns bis in unsere Tage zu Ostern unter dem Namen Narzisse erfreut.

Interessanterweise diente ihre Zwiebel in der Antike als Brechmittel. Die Verwandlung des wunderschönen Narkissos in ein Brechmittel kann nur als höhnischer Hinweis der Götter verstanden werden. Viel schlimmer stand es um die arme Echo.

Verschmähte Liebe geht, wie man weiß, stark aufs Gemüt. Zuerst will man es nicht wahrhaben, dann hofft man eine Weile aus schierer Verzweiflung weiter, schließlich fällt man in dumpfe Apathie. Und nicht alle Betroffenen haben die Seelengröße, sich mit dem berühmten Goethezitat aus »Götz von Berlichingen« aus der Affäre zu ziehen. Was das Gescheiteste wäre. Manchmal schon gleich am Anfang.

Echo schaffte leider nichts dergleichen. Im Gegenteil, sie litt immer mehr und mehr und wurde dabei immer weniger und weniger.

Bei chronischem Liebeskummer gibt es bekanntlich zwei Möglichkeiten: Entweder man wird dünn oder man wird dick. Bei Echo trat das erstere ein.

Schließlich hatte sie sich vor Gram buchstäblich selbst verzehrt, und nur noch ihre Stimme blieb übrig.

Ovid beschreibt in seinen »Metamorphosen« – in seinen »Verwandlungen« also –, wie die Götter ihre Überreste in einen Felsen umfunktionierten.

Aus dem toten Gestein erklang nun wehklagend ihre Stimme – als Echo, als Widerhall.

Die Geschichte rührte im Laufe der Jahrhunderte einige Zeitungsherausgeber derart, daß sie ihren Blättern den Namen »Echo« gaben. In manchen Fällen ist dann der Widerhall allerdings ausgeblieben.

Nymphen

Es sind uns inzwischen schon so viele Nymphen über den Weg gelaufen – in ihren verschiedenen Funktionen mit, neben, hinter und unter den Göttern –, daß wir uns jetzt zwar kurz, aber grundsätzlich mit ihrer Klasseneinteilung beschäftigen wollen.

Echo, von der wir gerade Betrübliches gehört haben, war eine sogenannte Oreade, das heißt, sie gehörte zur Gruppe der Bergnymphen. Als solche war sie in Arkadien am richtigen Platz – in diesem Gebirgsland mit Höhen von über zweitausend Metern in den Randbergen.

In und an Quellen, Teichen, Flüssen und Seen wohnten die Najaden – die Wassernymphen.

Nicht zu verwechseln mit den Salzwassernymphen – den Meernymphen. Das waren die zahlreichen Töchter des Nereus und des Okeanos – die Nereiden und Okeaniden.

Dann gab es noch die Alseïden – die Waldnymphen, die Napää – die Talnymphen, die Leimoniaden – die Wiesennymphen und schließlich die regenspendenden Hyaden und die Dryaden – die Baumnymphen. Also Nymphen, wohin man schaute. Sie wurden meistens als niedere Göttinnen angesehen – als göttliche Hilfstruppen sozusagen.

Aber sie galten – im Gegensatz zu den wahren Göttern – als sterblich, wenn sie auch eine sehr lange Lebenserwartung hatten. Den Menschen gegenüber benahmen sie sich freundlich, manchmal sogar direkt zutraulich. Wenn sie jemanden mochten, waren sie hilfsbereit und wenn sie sich gar in einen Mann verliebt hatten, taten sie alles für ihn, was sie nur konnten. Also eine außerordentlich sympathische Gesellschaft.

Dieser Meinung war auch der Götterbote Hermes, der sich zwischen seinen Botengängen gerne in ihrem Kreise ausruhte.

Manche Nymphe stieg zu einer von allen Umwohnern verehrten Lokalgröße auf und herrschte dann in ihrem Gebiet weniger umstritten als ein heutiger Landrat.

Offenbar galten die Nymphen früher als besonders züchtig – einfach als schlichte Verkörperungen des Lebens der Natur –, denn die frühen Künstler stellten sie immer vollständig angezogen dar. Aber im Laufe der Zeit verloren sie ein Kleidungsstück nach dem anderen, und in späteren Epochen bildete man sie beinahe oder völlig nackt ab. Höchstens mit einem Kranz, einem Zweig oder einem Wassergefäß in Händen, je nach ihrem Aufgabengebiet.

Das griechische Wort Nymphai bedeutet Mädchen. Mädchen in der Mehrzahl. Nun, es gab ja auch genug davon.

Nun wird sich der Leser natürlich fragen, warum der wissenschaftliche Begriff für die bei Damen und anderen weiblichen Wesen gelegentlich auftauchende Mannstollheit ausgerechnet »Nymphomanie« heißt. Was hat das mit den lieblichen, sanften Wesen zu tun, die Quellen, Berge, Bäume, Täler, Wälder, Wiesen und Meere bewohnen? Nichts.

Die Bezeichnung bezieht sich auf gewisse Partien des Sexualapparates, die ebenfalls Nymphen genannt werden.

Die Antike ehrte die naturnahen Göttinnen auch in den Städten. Besonders den Quell- und Wassernymphen wurden herrliche Bauten errichtet, sogenannte »Nymphäen«,

die eine Quelle umschlossen. Viele von ihnen waren mehr-
stöckig, rund und mit prächtigen Säulen verziert. »Tempel
der Wasserversorgung« könnte man sie nennen.

Und beim Zeus! – sie waren ein schönerer Anblick als die
grauen und häßlichen Wassertürme unserer Zeit.

Aber uns sind ja leider auch die Nymphen abhanden
gekommen.

Die Gorgonen

In krassem Gegensatz zu den bezaubernden Nymphen standen die Gorgonen, die sich die Antike als wahre Scheusale vorstellte. Glücklicherweise waren es nur drei.

Stheino, Euryale und Medusa hießen sie. Medusa wurde am populärsten, vermutlich weil sie die gräßlichste war. Ein typischer Fall von wirksamer Negativreklame.

Dabei soll sie ihre Karriere als ausnehmend schönes Mädchen begonnen haben. So schön war diese Medusa, daß sie die Begehrlichkeit des obersten Meergottes Poseidon auf das heftigste erregte.

Aber auch andere männliche Götter hatten es auf sie abgesehen. Medusa war zwar einem Techtelmechtel mit dem mächtigen Poseidon durchaus nicht abgeneigt, aber das Paar wußte nicht so recht, wohin mit sich, denn überall lauerten Späher.

Die Adler des Zeus flogen dauernd in der Gegend herum, und auch Götterbote Hermes konnte jederzeit und allerorten auftauchen. Auf dessen Diskretion war kein Verlaß.

Der liebeshungrige Poseidon aber hatte – wie alle liebeshungrigen Männer – nur ganz wenig Geduld. Ohne lange nachzudenken, führte er die Medusa in einen Tempel der Athene und veranstaltete dort – wie er glaubte völlig geheim – ein intimes Beisammensein.

Wenn man das hört, ist man geneigt, an der Zurechnungsfähigkeit oder zumindest an der Intelligenz des meerbeherrschenden Poseidon zu zweifeln. Zum Liebesspiel ausgerechnet in den Tempel der jungfräulichen Athene zu gehen, war schon eine Schnapsidee. Dann aber auch noch anzunehmen, diese erhabene Örtlichkeit sei ein sicherer Platz für den Austausch von Zärtlichkeiten – das setzte dem Leichtsinn und der Unvernunft die Krone auf.

Natürlich wurde das Paar bei seinem Tun beobachtet und postwendend bei Athene denunziert.

Na – deren Stimmungslage kann man sich vorstellen. So etwas in ihrem eigenen Tempel! Und als einer der beiden Hauptdarsteller präsentierte sich zu allem Überfluß dieser ungeschlachte Poseidon, mit dem die Göttin der Weisheit schon wegen Attika Ärger gehabt hatte.

Leider war Poseidon selbst – als hoher olympischer Funktionär – unangreifbar. Dafür sorgte schon seine seemännische Hausmacht.

Aber die Medusa hatte nicht diese Protektion. Sie war – wie ihre beiden Schwestern – Tochter des Meerdrachens Phorkys und eines Meerungeheuers namens Keto, entstammte also einer Familie der niedersten Götterklassen und hatte infolge dieses sozialen Hintergrundes praktisch nur wenig oder gar keinen Einfluß.

Bei ihr kam außerdem noch der erschwerende Umstand hinzu, daß sie – im Gegensatz zu ihren beiden unsterblichen Schwestern – sterblich war.

Offenbar ein Geburtsfehler, den man – wie so viele Rätsel der Firma Götter GmbH. & Co. KG. – eben hinnehmen muß.

Medusa profitierte von einer Tatsache, die man oft bei Mädchen aus den sogenannten unteren Schichten feststellen kann: Was Schönheit und Wohlproportioniertheit anbelangt, übertreffen sie bei weitem die höchsten der höheren

Töchter, die dann oft neidisch sind. Und so war es auch bei Athene.

Da ihr die Tempelentweihung einen handfesten Grund gab, stürzte sie sich mit ihrem ganzen Zorn auf die unglückliche Medusa. Sie verwandelte die Phorkys-Tochter in ein grauenerregendes Monstrum – in die allerschrecklichste der Gorgonen –, so wie wir sie heute kennen und verabscheuen.

Ihre Frisur bestand aus giftspeienden Schlangen, und auch um ihre Hüften ringelten sich bösartige Vipern, Nattern und Ottern. Wer ihr in die furchtbaren Augen sah, wurde von ihrem Blick sofort in Stein verwandelt. Wer seine Augen vorsichtshalber schloß, den packte sie mit ihren scharfen, metallischen Klauen. Also mit einem Satz: Mit der Medusa war nicht gut Kirschen essen.

Athene sah befriedigt auf ihr Werk, und Poseidon empfahl sich schleunigst. Schnell wurde Medusa in der ganzen antiken Welt sprichwörtlich für Schrecknisse aller Art.

Niemand hätte also auch nur eine Drachme für das Leben eines gewissen Perseus gegeben, als der mutwillige junge Mann auszog, die Medusa zu erschlagen und ihren grauslichen Kopf als Trophäe zurückzubringen.

Dieser Perseus entstammte dem berühmten Seitensprung des Zeus mit der Königstochter Danaë. Sie erinnern sich – die Sache mit dem Goldregen. Danaës Vater war im unglücklichen Besitze eines Orakelspruchs, demzufolge sein Enkel ihn umbringen werde. Er sperrte also die junge Mutter samt dem Neugeborenen in eine alte Kiste und setzte sie bei Windstärke Neun auf dem Meere aus. Aber die beiden hatten Glück, die Kiste wurde auf der Insel Seriphos bei Delos angeschwemmt, und der dortige König – ein noch rüstiger Herr namens Polydektes – zog zusammen mit seinem Bruder den Knaben Perseus auf.

Als Jüngling war er bereits Experte in der Führung sämtlicher Waffen und auch sonst ein aufgeweckter Bursche. Aber auf einmal wurde seine Anwesenheit bei Hofe dem Polydektes lästig. Seine Majestät hatten nämlich inzwischen eine besondere Vorliebe für die Mutter des Perseus entdeckt. Polydektes wollte Danaë heiraten, und dabei war ihm ihr Sohn im Wege.

Heute kann man sich mit einem Kind aus erster Ehe arrangieren, aber auf Seriphos dachte man eben anders. Und dann ergab sich für den König eine glänzende Gelegenheit, den Perseus auf elegante Weise loszuwerden.

Eines Tages forderte er von seinem Hofstaat Geschenke an, angeblich für eine wichtige diplomatische Auslandsreise. Sämtliche Herren kamen mit wertvollen Artikeln, nur Perseus erschien mit leeren Händen. Die Hofschranzen wisperten, Polydektes runzelte die Stirn – da trat Perseus unerschrocken vor und sagte:

»Majestät, ich bin arm, ich kann leider nichts geben. Aber ich verfüge über ein mutiges Herz und zwei kräftige Arme, und ich bin bereit, Eurer Majestät damit zu dienen und alles herbeizuschaffen, was Eure Majestät befehlen. Und wenn es das Haupt der Medusa wäre!«

Das war natürlich ein kapitaler Fehler! Denn König Polydektes ging sofort auf diesen letzten Vorschlag ein. Und ehe sich's der prahlerische Perseus versah, war er schon unterwegs.

Das Unternehmen war nicht nur gefährlich, sondern auch schwierig. Man wußte zum Beispiel nicht genau, wo die Gorgonen eigentlich ihren ständigen Wohnsitz hatten. Perseus vertraute sich der Athene an, und diese – immer froh, wenn sie der Medusa was am Zeuge flicken konnte – sandte ihm den Hermes als Wegweiser.

Hermes schickte den Perseus zuerst zu den Graien. Das waren drei Schwestern der Gorgonen, aber nicht von so bösartigem Temperament wie jene. Sie waren schon als Greisinnen auf die Welt gekommen, und ihren altersschwachen Aktivitäten waren dadurch Grenzen gesetzt, daß sie zusammen nur ein einziges Auge und einen einzigen Zahn besaßen.

Diese Instrumente waren jedoch auswechselbar konstruiert, so daß sie von den Graien reihum benutzt werden konnten. Das Auge war für sie besonders kostbar, weil sie damit überallhin und sogar ins Verborgene blicken konnten. Sehr wichtig für Wesen, die am Ende der Welt wohnen.

Perseus traf sie vor ihrer Behausung an und stellte zu

seiner Genugtuung fest, daß die alten Damen gerade ein bißchen vor sich hindösten. Auge und Zahn lagen unbenutzt herum.

Ohne sich lange zu besinnen, klaute Perseus diese beiden lebenswichtigen Werkzeuge.

Bald aber regte sich bei einer der Graien Appetit, und sie wandte sich an die Schwestern mit der Aufforderung:

»Gebt mir das Auge, damit ich den Zahn suche.«

Nun begann ein allgemeines Umhertasten. Aber an den gewohnten Stellen fand sich weder Zahn noch Auge. Die Graien erhoben ein entsetzliches Gezeter. Sie vermeinten, nunmehr der ewigen Nacht und dem sicheren Hungertode ausgeliefert zu sein.

Da gab sich Perseus zu erkennen. Mit dem angeborenen Talent der Griechen verlegte er sich aufs Handeln. Er bot die Rückgabe der beiden Instrumente an unter der Bedingung, die Graien müßten ihm den Weg zu ihren Schwestern, den Gorgonen, verraten.

Nach langem Gekeife wurde man sich schließlich einig. Den Graien blieb ja auch gar nichts anderes übrig.

Nachdem alle drei der Reihe nach den frechen Fremdling durch das Auge betrachtet hatten, erklärten sie mit großer Bestimmtheit, so wie er ausgerüstet wäre, hätte Perseus nicht die geringste Chance gegen die schrecklichen Gorgonen, vor allem nicht gegen die supergräßliche Medusa. Zuerst müsse er sich zu drei in der Nähe wohnenden Nymphen begeben und sie zu überreden suchen, ihm gewisse Hilfsmittel zu überlassen. Dann erst solle er den Okeanos überqueren und bis an die Grenzen der Finsternis vorstoßen. Dort hielten sich die Gorgonen meist auf.

Perseus setzte sich sofort in Marsch und fand auch richtig die erwähnten Nymphen. Der gutaussehende junge Mann in der strahlenden Rüstung gefiel ihnen offenbar. Jedenfalls gaben sie ihm drei nützliche Gegenstände mit auf den beschwerlichen Weg: ein Paar Flügelsandalen, einen Beutel und einen Helm, der unsichtbar machte.

Da haben wir also wieder einmal die alte Tarnkappe, die in so vielen Mythologien herumgeistert.

Beflügelt zog Perseus nun weiter und kam schnell an die Grenze der ewigen Nacht. Die zielsicheren Sandalen führten ihn direkt zu einer offenen Grotte. Ein Blick hinein – und er hatte gefunden, was er suchte.

Die drei Gorgonen-Scheusale hielten dort arglos ihre Siesta.

Perseus ging kein Risiko ein. Er hatte seinen runden Schild so blank poliert, daß er wie ein Spiegel wirkte. Rückwärts gehend näherte er sich nun der Medusa und sah dabei in seinen Rückspiegel. Wenn sie jetzt plötzlich aufwachte, konnten ihn ihre versteinernden Augen nicht direkt erfassen. Immer in den Spiegel blickend, holte er nun mit dem scharfen Schwert zum vorher oft geübten Rückwärtsschlag aus.

Er traf mit dem ersten Hieb und trennte das Haupt der Medusa fein säuberlich vom Rumpf. Schnell steckte er es samt dem sich noch immer windenden Schlangenhaar in seinen Beutel und wollte sich unauffällig verabschieden. Jedoch – die Aktion war nicht ganz lautlos verlaufen, die beiden anderen Gorgonen waren erwacht und wollten sich auf den Mörder ihrer Schwester stürzen. Aber sie erwischten ihn nicht. Der Helm funktionierte tadellos.

Jetzt trat ein überraschendes Ereignis ein. Die noch zukkende, kopflose Medusa gebar in aller Eile zwei lebende Wesen, für die Poseidon als Vater verantwortlich war. Zuerst den Chrysaor, der gleich mit einem goldenen Schwert in der Hand aus ihrem Leib sprang, und dann den Pegasos, lateinisch Pegasus, das später zu hohem literarischen Ruhm aufgestiegene Flügelroß.

Perseus erfaßte sofort die Gunst des Augenblickes. Blitzschnell – ehe es entweichen konnte – schwang er sich auf das flugtüchtige Pferd und startete mit ihm gen Himmel. Nach anfänglicher Widerspenstigkeit ließ es sich willig lenken.

Perseus machte eine erste Zwischenlandung bei den freundlichen Nymphen und gab ihnen den Tarnhelm samt den Flügelsandalen zurück, die er jetzt nicht mehr brauchte. Den Beutel ließen sie ihm, als Tragtüte für das Gorgonenhaupt.

Dann startete er wieder und winkte beim Überfliegen den Graien zu, die sich gegenseitig ihr Auge aus dem Kopf rissen, um ihn abwechselnd zu beobachten.

Als er sich beim Weiterflug über die Arabische See und das Rote Meer der Küste von Äthiopien näherte, sah er dort ein wunderschönes Mädchen nackt an einen Felsen gefesselt.

Dies, dachte sich Perseus, ist mit Sicherheit ein gesetzwidriges Verfahren. Da muß ich eingreifen. Und schon setzte er mit Pegasos zur Landung an.

Nach kurzem Gespräch mit der angeketteten Dame stellte sich heraus, daß es sich um die Tochter Andromeda des äthiopischen Königs Kepheus handelte, die nicht ganz ohne eigenes Zutun in diese Patsche geraten war.

Andromeda hatte nämlich aus lauter Eitelkeit behauptet, sie sei schöner als sämtliche Töchter des Meergottes Nereus. Dieser ließ sich das nicht gefallen, rannte zu seinem Obersten Befehlshaber Poseidon und schimpfte so lange, bis auch Poseidon wütend wurde und sofortige Repressalien gegen Äthiopien verhängte. Er ließ ein fürchterliches Seeungeheuer an Land steigen, das den Auftrag hatte, alle Küstenstriche bis weit ins Inland hinein zu verwüsten und zu entvölkern.

Einzige Chance für eine Begnadigung: man müsse dem Monstrum die Andromeda als Sühneopfer darbringen.

König Kepheus, von seinen verängstigten Volksvertretern hart bedrängt, willigte schließlich schweren Herzens in den Handel ein.

Und so stand nun die arme, schöne Andromeda nackt und gefesselt am felsigen Gestade und wartete auf das grauenvolle Biest, das jeden Moment auftauchen mußte.

Nun hatte Perseus ja inzwischen Übung mit Monstren aller Art. Er beruhigte die zitternde Andromeda und sagte, sie solle ruhig als Lockvogel dort stehen bleiben, er werde die Sache schon schaukeln.

Es dauerte auch nicht lange, da fing das Meer an zu brausen, zu schwellen und zu kochen und aus einer Wolke haushoch sprühenden Gischts watschelte das Seeungeheuer hervor.

Sofort wollte es sich brüllend auf Andromeda stürzen, aber Perseus sprang beherzt dazwischen und drosch mit dem Schwerte auf den Unhold ein. Leider aber war der Gegner wieder einmal ein Sonderfall. Das Seeungeheuer konnte mit Waffen aus Menschenhand weder getötet noch verwundet werden. Das Schwert richtete nichts aus, und nun geriet Perseus selbst in akute Lebensgefahr.

Aber gerade noch rechtzeitig kam ihm der rettende Einfall. Er riß das Haupt der Medusa aus seinem Beutel und hielt es dem Seeungeheuer entgegen.

Und siehe da, sogar in dem abgetrennten Kopf hatten die großen Augen ihre furchtbare Zauberkraft behalten. Der Blick der toten Medusa verwandelte das Monstrum in Stein. Möglicherweise ziert es heute noch als dekorativer Felsen die äthiopische Küste.

Schnell löste jetzt Perseus die Fesseln der Andromeda, bestieg mit ihr den Pegasos und flog zu König Kepheus.

Der zu Tränen gerührte Vater bedankte sich herzlich, spendierte einiges aus seiner Schatzkammer und gab dem tapferen Perseus obendrein noch Tochter Andromeda zur Frau.

Der wackere Pegasos brachte das junge Ehepaar samt den Hochzeitsgeschenken auf dem Luftwege sicher zur Insel Seriphos zurück. Und wieder einmal kam Perseus genau zur rechten Zeit.

Seine Mutter Danaë wußte sich nämlich der liebestollen Nachstellungen des Königs Polydektes nicht mehr zu erwehren. In letzter Verzweiflung hatte sie sich in den Athene-Tempel an den Opferaltar der Göttin geflüchtet.

Aber der rasende Polydektes wollte auch an der Schwelle des Heiligtums nicht haltmachen. Gerade wollte er mit seinen Schergen in den Tempel eindringen, da landete Pegasos auf dem Vorplatz. Schnell sprang Perseus vom Pferd, nahm das Gorgonenhaupt aus der Tüte und hielt es den schamlosen Kerlen vor die Nase.

Und wieder wirkte der schreckliche Zauber der Medusa. Buchstäblich im Augenblick standen König Polydektes und seine Komplizen versteinert da.

Man soll sie später bei einem Erweiterungsbau des Athene-Tempels als Säulen verwendet haben.

Perseus – weiterhin glücklich verheiratet mit Andromeda – erlebte noch einige Abenteuer und gründete schließlich die später so hochberühmte Stadt Mykene.

Das Haupt der Medusa behielt er nicht. Es war ihm wohl selbst unheimlich. Schließlich konnte ja einmal irgendein Unbefugter das Schauerstück aus dem Beutel zerren und damit ganze Volksgruppen versteinern. Vorsichtshalber stiftete Perseus daher das Medusenhaupt – Gorgoneion genannt – der Athene. Die Göttin der Weisheit würde schon darauf aufpassen.

Und Athene setzte den abschreckenden Kopf in die Mitte des berühmten Schildes Aigis – lateinisch Aegis –, der dem Zeus gehörte und den außer dem Göttervater nur sie selbst tragen durfte. So konnte die Medusa sozusagen in göttlichem Auftrag weiterwirken.

Aus Dankbarkeit versetzte Athene den Perseus und die Andromeda unter die Sterne. Beide stehen heute am nördlichen Sternenhimmel; Andromeda nicht weit von ihrer Mutter Kassiopeia.

Von der Andromeda wird häufiger gesprochen als von Perseus, weil an ihrem Standort der populäre Andromedanebel zu besichtigen ist. So hat die äthiopische Königstochter ihrem Gemahl noch nachträglich den Rang abgelaufen.

Verschiedene Schriftsteller älterer und neuerer Zeit wollten in der Medusa ein Meerungeheuer sehen. Der Kopf und die sich darum herumwindenden Schlangen, das ergäbe ein Bild des Kraken, des achtarmigen Oktopus.

Die Bildhauer waren nicht dieser Meinung. Ein Relief am Tempel von Selinunt in Sizilien zeigt sie als menschenähnliche Mißgestalt mit furchterregendem Haupt, aber mit Beinen und Armen.

Ganz anders wirkt die sogenannte Medusa Rondanini, im Besitz der Münchner Glyptothek. Ein maskenhaft starres Antlitz. Die Augen geschlossen, der Mund halb geöffnet, das Abbild einer schönen weiblichen Wasserleiche.

Nur die Flügel an den Schläfen und die Schlangen im Haar und unter dem Kinn verraten, wen wir da vor uns haben. Die schreckliche Gorgo Medusa. Aber die Kunst verklärt eben alles.

Also, Mutter Medusa hatte den Poseidonsohn Pegasos hinterlassen, und über den müssen wir noch ein paar gewichtige Worte verlieren.

Nachdem Perseus auf die weiteren Dienste des Flügelrosses verzichtet hatte, trabte es frohgemut von hinnen und weidete fortan teils auf der Erde, teils flog es zwischen den Wolken am Himmel umher. Zweifellos ein angenehmes Leben für ein Pferd.

Aber das Schicksal hatte bereits einen neuen Reiter vorgesehen. Natürlich wieder einen göttlicher Herkunft, und wenn auch nicht von Zeus gezeugt, so doch immerhin von Poseidon.

Also ein Verwandter des Pegasos. Wieder einmal ein Beispiel für die totale Versippung der Firma Götter GmbH. & Co. KG.

Der zukünftige, aber noch nichtsahnende Pegasosreiter hieß Hipponoos – was schon auf Pferd hindeutet – und war ein Königssohn aus Korinth.

Leider hatte er das Pech, den einflußreichen Bellerus zu töten, was ihm nicht nur den Spitznamen Bellerophontes – abgekürzt Bellerophon – einbrachte, sondern ihn auch aus der Stadt vertrieb. Er galt nun als Mörder, und da war selbst für ihn Korinth ein heißes Pflaster.

Bellerophon setzte sich nach der Stadt Tiryns ab, zum dortigen König Proitos, und bat um Gastrecht. Proitos stimmte zu, aber alsbald begannen die Verwicklungen. Anteia, des Königs schöne Gattin, warf ein Auge auf den stattlichen Gast und legte es mit sämtlichen Raffinessen darauf an, ihn zu vernaschen.

Bellerophon verhielt sich aber ablehnend wie der keusche Joseph vor dem Bett der Potiphar und beschwor damit eine Fülle von Unannehmlichkeiten für sich herauf. Denn natürlich rächte sich die Anteia. Sie drehte die ganze schlüpfrige Geschichte einfach um und verleumdete den Hausgast bei ihrem königlichen Gatten. Bellerophon stelle ihr dauernd nach, laufend bedränge er sie mit unsittlichen Anträgen, es sei nicht mehr auszuhalten – und so weiter. Man kennt das ja.

Den Proitos machten diese Informationen sehr mürrisch, und er hätte den Frechling am liebsten sofort erschlagen lassen. Aber dann hätte er das Gastrecht verletzt, das jedem Griechen heilig war. Wer weiß, was die Götter dazu gesagt hätten! Also mußte ein Dritter eingeschaltet werden.

Proitos stellte sich äußerst wohlwollend, riet Bellerophon dringend, doch einmal einen guten Freund, den König Iobates in Lykien zu besuchen. Dessen Palast sei ein wahres Haus des Frohsinns, die Küche kenne nicht ihresgleichen, und die Weine seien des Gottes Dionysos würdig.

Proitos erklärte sich sogar bereit, seinem Hausgast ein spezielles Empfehlungsschreiben mitzugeben.

Bellerophon fiel ein Stein vom Herzen. Er war das Theater mit der liebeslüsternen Anteia sowieso leid. Munteren Gemütes begab er sich auf die Reise. In der Tasche eine Tontafel, die König Proitos eigenhändig in einer besonderen Sprache bekritzelt hatte. Der gute Bellerophon wäre weniger frohgemut gewesen, wenn er gewußt hätte, daß sein »Empfehlungsschreiben« nur die Empfehlung enthielt:

»Den Überbringer dieser Tafel sofort umbringen!« Bibelfeste Leser werden sich jetzt an jenen berüchtigten Brief erinnern, mit dem König David den Urias losschickte, nachdem er mit dessen Ehefrau Bathseba angebandelt hatte.

Bellerophon erreichte wohlbehalten Lykien in Kleinasien. König Iobates nahm ihn sehr herzlich auf und bewirtet ihn mit der größten Aufmerksamkeit.

Nun gebot damals das Gastrecht, daß man einem zugereisten Fremden erst einmal mindestens eine Woche absoluter Erholung gönnte. Schließlich waren Reisen über Land zu jenen Zeiten fast so gefährlich und strapazenreich wie heutzutage. So fragte König Iobates erst nach etwa acht Tagen höflich und diskret, woher denn der Herr Bellerophon käme, was ihn hierher geführt und was er in der nächsten Zeit vorhabe.

Nun überreichte der Reisende die bewußte Tafel. König Iobates las sie und verstand die geheimen Schriftzeichen sofort. Daraufhin ward ihm unbehaglich. Er wollte nämlich genauso wenig wie Proitos das heilige Gastrecht verletzen. Andererseits war Proitos sein Schwiegersohn.

Es mußte also irgend etwas geschehen, um die angeblich mit Füßen getretene Familienehre wiederherzustellen.

Hier ist einmal mehr zu erkennen, wie das heimtückische Schicksal Verwandte gegeneinander ausspielt. Merke: Man kann da nicht vorsichtig genug sein.

Schwiegervater Iobates dachte intensiv nach und verfiel auf einen Ausweg. Zufälligerweise machte gerade ein seltsames Ungeheuer die Gegend unsicher, die Chimaira, auf deutsch Chimäre, eine Ausgeburt des gräßlichen Monstrums Typhon.

Diese Chimäre war die größte zoologische Sensation, die von der Antike je hervorgebracht wurde. Nach einer Bronzefigur im Archäologischen Museum in Florenz sah das Biest folgendermaßen aus: Kopf, Körper und Beine waren die eines Löwen. Der Schwanz war eine Giftschlange mit großem Aktionsradius. Aus dem Rücken aber wuchsen Hals und Kopf eines Ziegenbocks. Als ob das noch nicht genug gewesen wäre, spuckte das Untier auch noch Feuer.

Klar, daß die Bewohner Lykiens panische Angst vor dem verheerenden Scheusal empfanden und es für unbesiegbar hielten.

Und mit dieser Chimäre sollte sich Bellerophon nun anlegen. König Iobates war sicher, der Gastfreund werde dabei ganz ohne sein Zutun den Tod finden und die Familienangelegenheit wäre damit auf das eleganteste aus der Welt geschafft.

Bellerophon, der als aufgeklärter Sohn der Weltstadt Korinth nichts auf die kleinasiatischen Greuelmärchen gab, zog unerschrocken los und wäre vermutlich in sein Verderben gerannt, wenn nicht Athene eingegriffen hätte.

Die Göttin wußte natürlich, daß der junge Mann zu Unrecht angeschwärzt worden war. Und außereheliche Sexaktivitäten verheirateter Frauen vom Schlage der Anteia liefen ihren strengen Grundsätzen sowieso zuwider.

Athene führte den Bellerophon einen Umweg, und plötzlich sah er vor sich den Pegasos, der in aller Gemütsruhe aus einer Quelle trank. Sofort begriff der Held, daß ein Flügelroß bei dem bevorstehenden Kampf äußerst nützlich sein konnte.

Schnell bestieg er den Pegasos – das brave Pferd wehrte

sich auf Befehl der Athene nicht –, und ab ging's durch die Lüfte.

Von oben her erledigte Bellerophon mit seiner Lanze die grauenvolle Chimäre, die in der Abwehr von Luftangriffen keinerlei Übung besaß und mit ihren ausgespuckten Feuerstößen ins Leere traf.

Als triumphierender Sieger ritt er, vom ganzen Volke gefeiert, auf dem Pegasos in die Residenz ein. Den König Iobates stimmte der unerwartete Verlauf der Ereignisse recht mißmutig. Aber er hatte schon einen neuen Plan.

Jetzt müsse Bellerophon auch noch den gemeingefährlichen, weil blutdürstigen Stamm der Solymer vernichten, der in unangreifbaren Bergschluchten hauste und reihenweise friedfertige Bauern erschlug.

Bellerophon erledigte auch diese Aufgabe aus der Luft und wurde daraufhin von König Iobates, der nun schon langsam unruhig wurde, gegen einen neuen Feind ausgesandt. Gegen die Amazonen!

Über diese kriegerischen Frauen sind viele Geschichten in Umlauf, und ihre Popularität ist bis heute erhalten geblieben. Eine Dame, die beispielsweise Rennen reitet, wird gern eine Amazone genannt.

Aber mit dem Reiten allein ließen es die Amazonen nicht bewenden. Sie waren das, was man heute unter dem Begriff »Frauenzentrum« versteht, nur weitaus radikaler.

Vielleicht führen Emanzipation und Frauenbefreiungsbewegung eines nicht allzu fernen Tages zu dieser Urform und Keimzelle zurück.

Dann wehe dem alten Adam.

Die Amazonen unterstanden selbstverständlich keinem

König, sondern einer Königin und außerdem der sittenstrengen Göttin Artemis.

Mit Männern trieben sie es nur einmal im Jahr. Und auch dann nur notgedrungen, um die Nachwuchsfrage zu regeln. Frischgeborene Knaben warfen sie weg, nur die Mädchen zogen sie auf und gaben ihnen frühzeitig Unterricht im Waffengebrauch. Besonderen Wert sollen sie auf das Bogenspannen gelegt haben. Damit das besser ging, brannten sie – so erzählte man – den heranwachsenden Jungfrauen entweder die rechte oder die linke Brust ab und aus, je nachdem ob es sich um eine Rechts- oder eine Linkshänderin handelte.

Das scheint aber eine spätere Ausschmückung der antiken Boulevardpresse gewesen zu sein, denn alle erhaltenen griechischen und sonstigen Statuen zeigen Amazonen mit beiden Brüsten. Ich glaube auch nicht, daß sich eine gutgewachsene Frau nur wegen Bogenschießen eines attraktiven Schmuckes beraubt, oder berauben läßt.

Zumal anzunehmen ist, daß die Amazonen nicht frei von lesbischen Gefühlen waren und auch dabei der Busen eine Rolle spielt, wie weibliche Fachleute glaubhaft versichern.

Ihr ursprüngliches Staatsgebiet soll in Pontos gelegen haben, einer Küstenlandschaft im Nordosten von Kleinasien, etwa in der Gegend von Trapezunt am Schwarzen Meer.

Aber es gibt noch immer hartnäckige Befürworter einer Theorie, die das Urreich der Amazonen nach Südamerika verlegt. In die Welt gesetzt hat sie Francisco de Orellana, der 1541 den Amazonenstrom als erster Europäer ganz herunterfuhr. Er nannte den Riesenfluß »Rio de las Amazonas«.

Das Logbuch führte auf dieser Reise der spanische Dominikaner-Bruder Gaspar de Carvajal, und er berichtet, daß die Expedition schwere Kämpfe mit Indianern zu bestehen hatte, die von ihren weiter im Inland wohnenden »Herrinnen« tatkräftig unterstützt wurden.

Diese »Herrinnen« – so nannten die Flußanwohner sie – seien Amazonen gewesen, große, hellhäutige, kräftige Frauen mit langem Haar, die nackt kämpften. Jede von ihnen sei so gefährlich wie zehn Indianer.

Da es eine andere Theorie gibt, derzufolge die alten Phönizier als erste Südamerika, und besonders den Nordosten Brasiliens, entdeckt haben sollen, könnte es sein, daß ebendiese phönizischen Seefahrer die Nachricht von den Amazonen aus der Neuen Welt mit nach Kleinasien gebracht haben.

Dort wurden die streitbaren Damen dann zur einheimischen Legende.

Gegen diese gefährliche Frauenarmee zog nun Bellerophon mutterseelenallein, nur von dem zuverlässigen Pegasos begleitet, ins Feld und brachte ihr eine empfindliche Niederlage bei. So empfindlich, daß die Amazonen fortan keinen Einfall mehr in Lykien wagten.

Nun wurde König Iobates stutzig. Das ging doch nicht mit rechten Dingen zu! Wer war denn dieser unheimliche Bellerophon? Vielleicht gar ein Göttersohn? Seine offenbar übernatürlichen Kräfte sprachen jedenfalls dafür.

Und in weiser Voraussicht schwenkte Iobates sofort auf Gegenkurs. Er gab dem unüberwindlichen Helden nicht nur seine zweite Tochter zur Ehefrau, sondern ernannte ihn obendrein noch zum Mitregenten.

Bellerophon schwamm auf den Wogen der Volksgunst. Aber nun wurde er übermütig, eine Entwicklung, die man leider bei vielen Leuten beobachtet, die plötzlich zu Amt und Würden kommen. Und wie bei diesen wurde schließlich aus dem Übermut Größenwahn.

Die Mitregentschaft in Lykien genügte dem Bellerophon nicht mehr. Er wollte sage und schreibe auch noch den Olymp beherrschen. Er schwang sich auf seinen Pegasos und fuhr gen Himmel, um dem Zeus den Götterthron zu entreißen.

Zeus traute seinen Augen nicht, als er diesen Verrückten herantoben sah. Aber dann nahm er ihn wenigstens soweit ernst, daß er ihn durch ein einfaches Hilfsmittel abwehrte.

Er schickte ihm eine kleine unscheinbare Bremse entgegen. Die Bremse stach den Pegasos, der Pegasos scheute und warf den Bellerophon ab, der in hohem Bogen zurück auf die Erde fiel. Töten konnte ihn – als Sohn des Poseidon – dieser Verkehrsunfall zwar nicht, aber er wurde blind und lahm, wanderte noch eine Zeitlang grollend umher und verschwand dann aus jedermanns Erinnerung.

Das Flügelroß Pegasos aber begann jetzt eine völlig neue Karriere. Es vergnügte sich harmlos auf dem Berg Helikon und scharrte eines Tages beim Herumspielen eine Quelle aus dem Boden, die sofort den Namen »Hippokrene« bekam, die Pferdequelle.

Weil nun der Helikon zu den Lieblingsaufenthalten der neun Musen gehörte, entdeckten die Damen die Quelle bald und lagerten sich nun dort regelmäßig zu künstleri-

schem Gedankenaustausch. Pegasos war bei ihnen wohl-
gelitten und bekam schließlich den ehrenden Beinamen
»Das Musenroß«.

Als solches wurde er nun von den Dichtern aller Klassen
mit Beschlag belegt. Kaum fühlten sie sich von ihrer Muse
geküßt, so bestiegen sie auch schon das Musenroß und
galoppierten quer durch die Literatur, ohne Rücksicht auf
etwaigen Flurschaden.

Und so ist es bis heute geblieben.

Kerberos

Neben der Chimäre hatte der Unhold Typhon noch weitere grauenerregende Sprößlinge in die Welt gesetzt: die neunköpfige lernäische Schlange namens Hydra, auf die wir noch kommen werden, und einen dreiköpfigen, schlangenhaarigen Hund mit Namen Kerberos, lateinisch Cerberus, deutsch Zerberus.

Typhon hatte eine fürchterlich laut brüllende Stimme. Noch heute wird das Signalhorn auf Motorschiffen nach ihm »Typhon« genannt, und vermutlich kommt auch der »Taifun« – von den Engländern »Typhoon« geschrieben – auf dem Umweg über das Arabische aus seiner Ecke.

Die furchtbare Stimme seines Vaters hatte der Hund Kerberos geerbt. Er bewachte das Reich des Hades, und wenn er bellte, dann fuhr die ganze Unterwelt zusammen. Die Wände bebten, die Flüsse schäumten, und die Schatten der Abgeschiedenen zitterten um die Wette. Der Kerberos war ungeheuer wachsam, aber auf eine ganz besondere Art und Weise. Er ließ nämlich jeden in die Unterwelt hinein, aber keinen wieder heraus.

Wenn also gewisse Fußballreporter die Angewohnheit haben, den Fußballtorwart als »Zerberus« zu bezeichnen, so trifft das höchstens auf solche Hüter zu, die alle Bälle reinlassen.

Der Kerberos war allseits gefürchtet, und die einzige Niederlage, die er jemals erlitt, bereitete ihm ein unehelicher Zeussohn namens Herakles.

Aber davon später.

Die Erinnyen

So nennen und schreiben wir diese weiblichen Wesen im deutschen Fremdwortstil. Griechisch hießen sie Erinyes, lateinisch Furiae, woraus wiederum unsere deutschen Furien geworden sind. All das spricht für ihren hohen Bekanntheitsgrad.

Bei einer Blitzumfrage eines unserer beliebten Meinungsforschungsinstitute würden sich vermutlich die allermeisten Bürger unter »Furien« etwas Handfestes – und zwar Unangenehmes – vorstellen können.

In der Tat waren die Erinnyen noch gefürchteter als der schon ziemlich bösartige Höllenhund Kerberos. Sie waren eine sehr alte – um nicht zu sagen ehrwürdige – Einrichtung.

Nach der berühmten »Theogonie«, jenem Standardwerk, in dem der griechische Schriftsteller Hesiod die Herkunft der Götter beschreibt, entstanden die Erinnyen aus den vergossenen Blutstropfen des von Kronos kastrierten Himmelsherrschers Uranos.

Nach anderen antiken Fachleuten waren sie Töchter der Nyx – der Nacht also.

Schon ihre Namen versprechen nichts Gutes.

Da war zunächst die Alekto. Das bedeutet »Die niemals Rastende«. Nun, das geht noch.

Aber dann kam die Tisiphone, und das heißt »Die Mordrächerin«.

Und schließlich gab es noch eine dritte – die Megaira, »Die aus Neid Verargende«. Nach dieser Megaira nennt man heute noch eine zänkische, bösartig tobende, neidische Frau eine »Megäre«. Bisweilen zu unrecht.

Anzusehen waren die drei geradezu fürchterlich. Aus den Haaren ringelten sich Schlangen wie bei den Gorgonen. Die Gesichter waren knochig wie Totenköpfe. In den skelettartigen Händen trugen sie dornige Peitschen und drohend lodernde Fackeln. Ein in jeder Hinsicht unerfreulicher Anblick.

So kamen sie aus ihrem Wohnsitz in der Unterwelt hervor, stiegen ans Tageslicht und bestraften jedes Verbrechen und jedes Unrecht. Seltsamerweise wurden sie deswegen nicht in Tempeln verehrt, wie es ihnen zugestanden hätte, sondern von allen, auch von den gesetzestreuen Leuten, gehaßt.

Die Erinnyen teilen dieses Schicksal mit den modernen Strafverfolgungs- und Strafvollzugsbehörden.

Vielleicht lag der damalige Abscheu in der Tatsache begründet, daß sie nur die Menschen heimsuchten, die ebenfalls häufig straffällig werdenden Götter aber ungeschoren ließen.

Dieses Mit-zweierlei-Maß-Messen warf man ihnen ebenso vor wie ihre grausame Unerbittlichkeit. Allerdings äußerte man diese Vorwürfe nur im geheimen, denn jedermann war bestrebt, diese Bestien nicht zu reizen, damit er nicht »wie von Furien gepeitscht« durch die Gegend flüchten mußte. So sprach man von den Erinnyen selten oder nie unter ihrem wirklichen Namen, sondern nannte sie die »Eumeniden« – die »Wohlwollenden«. Durch diese kriecherische Augenwischerei wollte man sie besänftigen.

Aber die Geschichte der Götter und Menschen lehrt, daß

so etwas keinen Zweck hat. Wer zuschlagen kann und will, der schlägt zu, und wenn man ihm noch so schöne Namen gibt.

Trotzdem war selbst der Dichter Aischylos, der doch immer für Recht und höhere Gerechtigkeit eintrat, so vorsichtig, jenes Teilstück seiner »Orestie«, in dem die Rachegöttinnen auftreten, nicht »Erinyes«, sondern »Eumeniden« zu nennen. Nach dem Motto: Man kann nie wissen.

Wissen möchte man allerdings, warum die alten Griechen sich die verfolgenden und peitschenden Rachegeister als weiblich vorstellten und nicht als männlich? Aber das wird wohl nie zu ergründen sein.

Die Kentauren

Stellen Sie sich vor, Sie spazieren durch eine gebirgige Gegend. Plötzlich trabt hinter einem Felsen eine Gestalt hervor, die halb Pferd und halb Mann ist. Sie bewegt sich auf vier Hufen, hinten wedelt ordnungsgemäß der Schweif, aber vorne erhebt sich ein männlicher Oberkörper mit kräftigen Armen und einem bärtigen, wildbehaarten Kopf. Ein alter Grieche hätte sofort gewußt, wen er vor sich hatte: einen Kentaur.

Wäre noch ein altrömischer Spaziergänger dabeigewesen, so hätte der vielleicht »Centaur« gesagt, und ein deutscher Mitwanderer hätte daraus unseren »Zentaur« gemacht.

Die Heimat dieser Kentauren war das Bergland Thessalien, und sie galten ganz allgemein als Gebirgsdämonen. Zuerst dachte man sie sich nur als männliche Wesen, aber dann kam ein schlauer Kopf auf den Gedanken, daß ja doch das Fortpflanzungsproblem irgendwie gelöst werden müsse, und gab ihnen weibliche Kentauren bei.

Nach ihrer Abstammung waren sie Nachkommen eines gewissen Kentauros, der seinerseits wiederum der Sohn des Ixion war, von dem wir schon als Bedränger der Hera gehört haben.

Über die Kentauren wurde sehr widersprüchlich geurteilt, einige wenige galten als wissenschaftlich hochgebildet. Unter diesen besonders ein gewisser Chiron, dem man große Weisheit und Gerechtigkeit nachsagte und der ein Freund der Götter und Menschen war.

In seiner Grotte am Berge Pelion erzog er verschiedene, später berühmte Helden, zum Beispiel den in jeder Hinsicht hervorragenden Achill.

Die Masse der Kentauren aber war grob und ungeschlacht.

Eine besondere Leidenschaft wird immer wieder erwähnt: Die Kentauren liebten den Wein mehr, als ihnen guttat. Auf deutsch gesagt – sie soffen!

Und weil sie das taten, brach einer der größten Kämpfe aus, den die Antike kennt und den die antiken Künstler besonders eindringlich im Westgiebel des Zeustempels in Olympia dargestellt haben.

Die Sache fing ganz harmlos an. Peirithoos, König der Lapithen, eines Riesengeschlechts, das ebenfalls im Bergland von Thessalien wohnte, wollte mit der schönen Deidameia Hochzeit machen. Da er ein Sohn des Ixion und daher mit den Kentauren verwandt war, lud er die Pferdemenschen zum Festschmaus ein.

Da die Kentauren nicht wie normale Menschen auf Sitzgelegenheiten Platz nehmen konnten, trabten sie unaufhörlich umher und steuerten vor allem immer wieder die zahlreichen Weinamphoren an, um sich ausgiebig zu bedienen.

Es dauerte nicht lange, und sie hatten einen schweren Rausch. Ein zweibeiniger Mensch hätte schon längst unter dem Tisch gelegen, aber die Kentauren standen immer noch relativ fest auf ihren vier Hufen.

Und jetzt brachen bei ihnen jene niedrigen Instinkte aus, die ihnen immer nachgesagt wurden. In ihrem Suff stürzten sie sich auf die Braut Deidameia, belästigten sie durch

verbote Griffe und schienen zum äußersten entschlossen. Gellend schrie die Braut um Hilfe.

Das ließ sich natürlich der Bräutigam Peirithoos nicht gefallen. Er warf sich mutig auf die Angreifer, und alle geladenen Gäste folgten dem Beispiel ihres Königs, und so entstand der legendäre Kampf der Lapithen gegen die Kentauren.

Die Kentauren schlugen sich zwar recht wacker unter furchtbarem Gebrüll und kräftigem Gebrauch ihrer eisenharten Hufe, aber erstens beeinträchtigte der überreichlich genossene Alkohol ihre Zielsicherheit und zweitens wurden die Lapithen insgeheim von dem Athener Nationalheros Theseus unterstützt.

So wurden die Kentauren schließlich einer nach dem anderen kampfunfähig gemacht und bis auf einen kleinen Rest, der entkommen konnte, vernichtet.

Aus diesem Geschehen kann man drei Lehren ziehen:

a. Wer gesoffen hat, soll Streit vermeiden.

b. Wer trotzdem keinen Streit vermeiden kann, soll sich

nicht mit Gegnern anlegen, die von einer starken ausländischen Macht unterstützt werden.

c. Hochzeiten soll man fernbleiben. Es sei denn, man ist die Braut oder der Bräutigam.

Eirene

Das Jahr 375 vor Christus ist ein Jahr der Unruhe auf dem Peloponnes. Athen befindet sich – gestützt auf den Dritten Attischen Seebund – im Krieg mit Sparta, in den auch Theben eingegriffen hat.

Aber die Athener Bürger sind kriegsmüde. Sie wissen nur zu gut, daß aus diesen endlosen Kämpfen zwischen den griechischen Stadtstaaten nichts anderes herauskommt als Leid und Vernichtung des Wohlstands. Und so führen sie mitten im Krieg einen neuen Staatskultus ein, für eine Göttin, die ihnen nunmehr als eine der wichtigsten erscheint.

Auf der Agora – auf dem Marktplatz – wird ein Meisterwerk des Athener Bildhauers Kephisodotos feierlich enthüllt: die Statue der Eirene, der Göttin des Friedens.

Auf dem Arm trug sie sinnigerweise den Knaben Plutos, also die Verkörperung des Reichtums. Frieden und Reichtum, das ist eine schöne Verbindung, auch wenn sie nicht immer zustandekommt.

Die griechische Eirene heißt bei uns Irene, und die alten Römer nannten sie Pax, was ebenfalls Frieden bedeutet. Sie errichteten der Göttin im Jahre 9 vor Christus einen schönen Altar, ausgerechnet auf dem Marsfeld, das dem Kriegsgott geweiht war. Das war vermutlich als Kompensation gedacht.

Im allezeit kriegerischen Rom hat der Altar nicht viel genützt. Aber das Bronzestandbild auf der Agora in Athen erwies sich als wirksamer; vier Jahre nach seiner Errichtung kam der Friedensschluß zwischen Athen, Theben und Sparta zustande. Ein Pakt, der dem Staatskult der Eirene natürlich gewaltigen Auftrieb gab.

Wie sagt man mit Recht? Nichts ist so erfolgreich wie der Erfolg.

Eos

Das war die richtige Göttin für Frühaufsteher. Eos – die Morgenröte –, von den Römern Aurora genannt.

Ihre Mutter war die Theia, aber hinsichtlich ihres Vaters ist man nicht ganz sicher. Wie das denn ja auch im Leben der Sterblichen manchmal vorkommt.

Die einen sagen, es sei der Sonnengott Helios gewesen; die anderen behaupten, der Titan Hyperion sei der Erzeuger. Was dann wieder auf Inzucht hinausliefe, weil er der Bruder der Theia war. Um die Verwirrung noch zu erhöhen, behauptet Homer, Hyperion sei überhaupt nur ein Beiname des Helios. Also wieder einmal typische Familienverhältnisse innerhalb der Firma Götter GmbH. & Co. KG.

Kein Zweifel jedoch kann darüber bestehen, daß Eos sehr schön war. In aller Herrgottsfrühe holte sie schon ihre beiden Pferde aus dem Stall, spannte sie vor ihren leichten Wagen und fuhr damit über den Himmelsbogen – überall das zarte Rot des nahenden Tages hintupfend. Poetische Naturen nannten sie deshalb »Die Rosenfingrige«.

Während sie so über den Horizont fuhr, hatte sie ein wachsames Auge auf die Erde und auf die Menschen, besonders auf die männlichen.

Sobald sie irgendwo einen schönen Jüngling sah, der sich gerade gähnend von seinem Nachtlager erhob und vielleicht nackt ein Morgenbad im Bach hinter dem Haus nahm – da war es auch schon um ihn geschehen.

Eos packte ihn mit den Rosenfingern, zerrte ihn in ihren Wagen und entführte ihn zu ihrem Schloß an den Ufern des Okeanos. So erging es, neben anderen, dem Hermessohn Kephalos, dem anmutigen Kleitos und dem riesigen Waidmann Orion.

Langsam fiel es den Göttern auf, daß sich die Eos dauernd mit irgendwelchen Sterblichen abgab. So etwas durfte sich zwar Zeus erlauben – eventuell noch die Spitzenkräfte der olympischen Hierarchie –, keineswegs aber eine kleinere Angestellte wie die Eos, deren Funktion nur darin bestand, die Morgenröte an den Himmel zu bringen.

So wurde die Artemis beauftragt, ein Exempel zu statuieren. Sie nahm sich den unseligen Orion vor und tötete ihn mit einigen gezielten Pfeilschüssen. Zum Ausgleich wurde er dann zusammen mit seinem Jagdhund Sirius unter die Gestirne versetzt.

Aber Eos ließ trotz allem nicht ab von der männlichen Jugend. Nach einigen weiteren Abenteuern griff sie sich den Tithonos, der auch wieder ein ausnehmend schöner Mensch war. In den schien sich die unersättliche Eos nun aber ernsthaft und mit allen Konsequenzen verliebt zu haben. Sie bestürmte Zeus, er möge ihr Heiratserlaubnis geben. Zeus waren derartige Debatten immer ungeheuer lästig, und so willigte er ein.

Als sie dann auch noch um ewiges Leben für ihren neuen Gemahl bat, sagte der Göttervater auch dazu ja, um das hartnäckige Mädchen endlich loszuwerden.

Zufrieden zog Eos heim in ihre Residenz, um sich an den Vorzügen des Tithonos zu erfreuen. Aber nach einiger Zeit merkte sie, daß sie einen entscheidenden Fehler begangen hatte. Sie hatte zwar für ihren Gatten ewiges Leben von Zeus erbeten, nicht aber ewige Jugend.

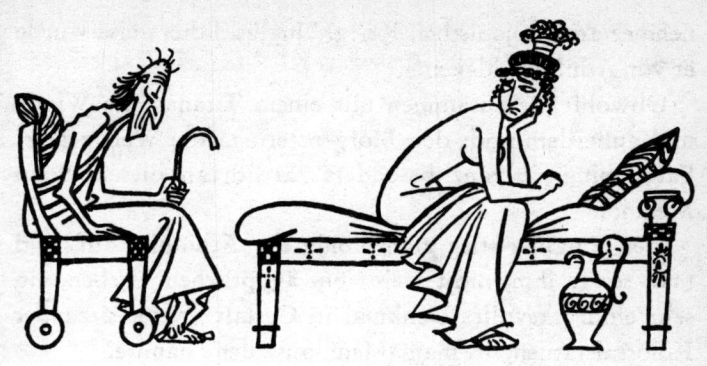

Da sie selbst unsterblich war und von der olympischen Mundschenkin Hebe mit jungerhaltendem Nektar und Ambrosia verköstigt wurde, hatte sie nicht an den irdischen Alterungsprozeß gedacht. Nun mußte sie erleben, wie die taufrische Haut des Tithonos mit den Jahren zu schrumpeln begann, wie ihm die Lockenpracht ausging und er auch auf anderen Gebieten merklich nachließ. Erfahrungsgemäß stimmt so etwas eine Ehefrau mißmutig, besonders eine vom Schlage der Eos.

Fortan sann sie auf eine rigorose Trennung von Tisch und Bett. Als Göttin fiel ihr das natürlich ziemlich leicht. Sie verwandelte den unbrauchbar gewordenen Gemahl einfach in eine Buckelzirpe aus der Familie der Zikaden. Und war ihn los.

Um nicht ganz aus ihrem Gedächtnis zu verschwinden, hatte er ihr jedoch einen gemeinsamen Sohn hinterlassen, den Memnon.

Von ihm rühmte Homer, er sei der schönste aller Teilnehmer am Trojanischen Krieg. Unglücklicherweise wurde er von Achill erschlagen.

Obwohl Eos zusammen mit einem Titanen die Winde und außerdem noch den Morgenstern in die Welt gesetzt hatte, hing sie ganz besonders zärtlich an diesem Sohn Memnon.

Der Jüngling stieg zum König der Äthiopier auf, und man setzte ihm, nicht weit vom ägyptischen Theben, ein sehr eindrucksvolles Denkmal in Gestalt zweier sitzender Kolossalstatuen, die man »Memnonsäulen« nannte.

Der griechische Weltreisende und antike Geograph Strabon berichtete, die einundzwanzig Meter hohen Säulen – oder wenigstens eine davon – gäben, sobald sie von der Morgenröte und den ersten Strahlen der Sonne berührt wurden, einen wehmütig klagenden Ton von sich.

Man deutete das als Begrüßung zwischen der trauernden Mutter Eos und dem dahingeschiedenen Sohn Memnon. Brutale Gemüter haben allerdings immer behauptet, die Säulen seien durch ein Erdbeben beschädigt worden, und bei der morgendlichen Erwärmung sprängen kleine Steinpartikel ab, und das höre sich dann wie ein Klageton an.

Mit Leuten, die in ihrer Innendekoration nicht die Spur von Romantik aufweisen, ist eben nicht zu reden.

Zwei Freundliche und ein Unerbittlicher: Hypnos, Morpheus, Thanatos

Fangen wir mit dem Unerbittlichen an.

Er war für das vorzeitige Ausscheiden von Memnon aus dem Trojanischen Krieg verantwortlich, wie er denn überhaupt die Sterblichen endgültig darauf hinwies, daß sie sterblich sind. Thanatos, der Gott des Todes und der Sohn der Nacht, der einflußreichen Göttin Nyx – oder Nox, wie sie die alten Römer nannten.

Wie vieles Unangenehme, kam er in anmutiger Tarnung des Weges. Die antiken Bildhauer stellten ihn als wohlgeratenen nackten Jüngling dar. Aber wer genauer hinsah, erkannte, daß die Fackel, die Thanatos trug, nach unten gerichtet war. So wie in Rom in der Arena der Daumen der Cäsaren, wenn sie den Tod eines besiegten Gladiators anordneten.

Eine typische Statue des Thanatos ist in Madrid zu besichtigen. Sie gehört zu der sogenannten Ildefonso-Gruppe aus der Zeit Kaiser Hadrians.

Weniger unerbittlich als Thanatos war sein Bruder Hypnos, der Gott des Schlafes.

Wenn er auch gelegentlich die Menschen zur Unzeit überfiel – zum Beispiel einen Soldaten auf Wache oder einen Steuermann am Ruder – und dadurch das Auftreten des Thanatos geradezu heraufbeschwor, so kann man ihn doch im allgemeinen unter die Freunde der Sterblichen einreihen.

Auch er wird gelegentlich mit einer Fackel dargestellt, die er jedoch im Gegensatz zu seinem Zwillingsbruder aufrecht trägt. Seine Hauptattribute sind aber Mohnblumen und ein Füllhorn, aus dem er den Schlaf ausgießt, ähnlich wie unser beliebtes Sandmännchen den Sand.

Interessant ist die Symbolik der Mohnblumen. Aus Mohn wird bekanntlich Opium gewonnen; Mohnsaft heißt griechisch Opos. Aus Opiumbasen macht man schmerzstillende Schlafmittel wie Morphin. Die Mohnblumen in der Hand des Hypnos sind also mehr als nur eine dekorative Zutat.

Hypnos ist eben ein sehr moderner Gott, und wenn heute ein medial veranlagter Mensch von einem Hypnotiseur in Hypnose versenkt wird, dann kann er kurz vor dem Einschlafen denken: Alles schon mal dagewesen – wenigstens was den Namen anbelangt.

Noch populärer – weil sprichwörtlich – ist des Hypnos Sohn Morpheus.

Er war zuständig für die Träume, und wenn wir von jemand sagen: Der oder die ruht in Morpheus' Armen, dann wissen wir, der oder die schläft fest und träumt süß.

Noch ein paar Sonstige

Zu der zahlreichen Nachkommenschaft des emsigen Zeus gehörten auch die Zwillingsbrüder Kastor und Polydeukes, den die Römer Pollux nannten.

Kastor und Pollux hörten auch auf den Sammelnamen Dioskuren – griechisch Dios Kuroi –, was »Söhne des Zeus« bedeutet.

Also diese göttliche Abstammung war ganz klar und wurde immer wieder betont, wenn auch einzelne Schriftsteller gelegentlich dagegen anstänkerten.

Die Mutter der Dioskuren war Leda – wobei in unserem Gedächtnis sofort wieder Zeus als Schwanenritter auftaucht. Die beiden Knaben hatten also die schöne Helena zur Schwester.

Kastor und Pollux schlüpften munter aus dem Schwanenei, das Leda geboren hatte, und wuchsen zu jünglingshaften Idealgestalten heran.

Nicht ganz ideal waren allerdings ihre Vorstellungen von den Rechten, die sich ein Verliebter herausnehmen durfte. So raubten sie am hellichten Tage die Töchter des messenischen Königs Leukippos, Phoibe und Hilaira.

Das einzige, was man zu ihrer Entschuldigung anführen kann, ist die Tatsache, daß sie dadurch dem großen Flamen Peter Paul Rubens das Motiv für eines seiner berühmtesten Gemälde lieferten, an dem man sich heute in der Münchner Alten Pinakothek erfreuen kann.

Im übrigen wurden Kastor und Pollux besonders als Schirmherren der waffentragenden Jugend verehrt und außerdem auch als Schutzpatrone aller Leute, die zur See fuhren. Auch die heutigen Berufsboxer sollten zu Ehren wenigstens eines der beiden Brüder hie und da ein Weihrauchstäbchen verbrennen, denn Polydeukes-Pollux galt als trickreicher Faustkämpfer. Beide waren außerdem berühmt als Rossebändiger.

Jeder Rombesucher kann das bestätigen, denn am Brunnen auf dem weiten Platz vor dem Quirinalspalast stehen zwei antike Riesenstatuen der Dioskuren, zusammen mit zwei sich aufbäumenden Pferden. Sie wurden in den Ruinen jener Thermen gefunden, die einst Kaiser Konstantin der Ewigen Stadt schenkte.

Allgemein bekannt – und als vorbildlich angesehen – war die brüderliche Liebe, mit der Kastor und Pollux an einander hingen. Als Belohnung für diesen Familiensinn dachte sich Göttervater Zeus später etwas Besonderes aus.

Er verwandelte die Zwillinge in Sterne und gab ihnen einen schönen Posten am nächtlichen Himmel. Aber ich glaube, es wäre ihnen bedeutend lieber gewesen, wenn sie weiterhin auf Erden ihre Rosse hätten bändigen können.

Aber im Aberglauben lebten sie fort. Wenn Seefahrer zur Nachtzeit zwei Flämmchen auf den Mastspitzen ihrer Schiffe sichteten – wir nennen diese elektrische Entladung heute »Sankt-Elms-Feuer« –, dann sprachen sie vom »Dioskurenfeuer« und hielten es für glückbringend.

Sahen sie aber nur ein einziges Flämmchen, dann deuteten sie diese Solo-Erscheinung als von der Dioskurenschwester Helena hervorgerufen, und das konnte nur Verderben bringen. Wie einst in Troja.

Von der Göttin Hebe haben wir schon gesprochen, von

der Göttin der ewigen Jugend, die bei den Römern den Namen Juventas trug und den Göttern im Olymp den jungerhaltenden Nektar kredenzte.

Aber die zechfrohen Götter gelüstete es auch nach anderen – und sei es weniger kostbaren – Getränken, dafür wurde ein eigener Mundschenk angestellt, der Servierknabe Ganymedes, meist abgekürzt Ganymed genannt.

Dieses Engagement entbehrt nicht eines pikanten Hintergrundes. Und wenn auf dem Olymp – oder sonstwo im Götterbereich – eine pikante Geschichte passierte, dann war meistens auch Zeus in die Sache verwickelt.

Nicht weit von der Mündung des Flusses Skamander in den Hellespont – also in die heutige Meerenge der Dardanellen – regierte vor langer Zeit ein Sohn des Zeus namens Dardanos sein fruchtbares Land, der einen hoffnungsvollen Enkel – Tros genannt – hatte, der später der Ahne des Volkes der Troer wurde, der Trojaner, wie wir sie kennen.

Der älteste seiner Söhne hieß Ilos – er gründete Burg und Stadt Troja, die nach ihm eigentlich »Ilion« genannt wurde und in Homers »Ilias« fortlebt.

Der jüngste Sohn war Ganymedes. Ein Jüngling von ganz besonderer Schönheit, wenn man den antiken Erzählungen glauben darf. So war es kein Wunder, daß er dem Zeus auffiel. Und zwar angenehm.

Es ist kein Geheimnis, daß die griechischen Männer der Antike sich nicht nur zu Damen hingezogen fühlten, sondern auch zu Knaben – zu Teenagern und Twens. Warum sollten die Götter da eine Ausnahme bilden? War ihnen doch auch sonst nichts Menschliches fremd.

Obwohl es eigentlich ihre Pflicht gewesen wäre, daran zu

denken, daß diese Art der sexuellen Betätigung unter den Sterblichen jener Zeit durchaus nicht so unumstritten war, wie es spätere Jahrhunderte gelegentlich dargestellt haben.

Da war zum Beispiel unter den Kritikern der berühmte attische Komödiendichter Apollodoros, der im 3. Jahrhundert vor Christus in Athen zu den Prominenten gehörte. Er schrieb in einer seiner siebenundvierzig Komödien über die sogenannten Lustknaben: »Ihr ganzes Schamgefühl haben sie an ihrem Hintereingang eingebüßt.«

In ebendieser Stadt Athen bestand ein Gesetz, nach dem ein junger Bursche, dem derartiger Verkehr nachgewiesen wurde, später kein öffentliches Amt bekleiden durfte. Kam seine Vergangenheit erst nach Übernahme einer solchen Würde heraus, so konnte er zum Tode verurteilt werden.

Aber Göttervater Zeus war da nicht so pingelig. Er ließ den hübschen Ganymed durch einen seiner göttlichen Adler rauben und auf den Olymp entführen. Allerdings konnte er ihn nicht als offiziellen Buhlen im Hause halten. Hera hätte sonst sofort ihr übliches Gezeter angestimmt. Und zwar diesmal nicht nur aus der gewöhnlichen Eifersucht auf den Gatten, sondern auch aufgrund ihrer Amtsstellung als Schirmherrin der Ehefrauen und der ehelichen Moral.

So gab also Zeus dem Ganymed den Job als Mundschenk für die niederen Getränke, der Junge konnte als rechtmäßiger Mitarbeiter in den Verpflegungslisten geführt werden und erhielt auch seine ständige Zuteilung an Nektar, der ihm die ewige Jugend garantierte. Zur stillen Freude des Göttervaters.

Offenbar aber war Ganymed nicht nur eine passive, sondern im Gegenteil eine höchst aktive Natur.

Er fühlte sich jedenfalls weder durch sein Amt als Mundschenk noch durch seine privaten Verpflichtungen restlos ausgelastet. So gab ihm Zeus denn zusätzlich noch eine weitere Aufgabe. Er identifizierte ihn mit dem Quellgott des Nils.

So bediente Ganymed fortan nicht nur die durstigen Götter, sondern wurde auch durch regelmäßige Überschwemmungen zum Mundschenk des fruchtbaren Nillandes.

Das war vermutlich eine der frühesten Karrieren im Bereich der Ökologie.

Hermaphroditos

Unter diesem zusammengesetzten Namen agierte eine der seltsamsten Erscheinungen im antiken Göttertroß. Es handelte sich um einen Sohn des Hermes und der Aphrodite, der zunächst zu einem ganz normalen Jüngling heranwuchs. Zu einem sehr schönen Jüngling, was bei diesen Eltern ja kein Wunder war.

Der große römische Gesellschaftspoet Ovid – Schilderer nicht nur von Liebeskünsten, sondern auch von Sagen und Legenden – hat sich ausführlich mit dieser Geschichte beschäftigt.

Ihm zufolge soll Hermaphroditos, als er gerade fünfzehn Jahre alt geworden war, in der Salmakis-Quelle in Karien – einer Landschaft Kleinasiens – ein erfrischendes Bad genommen haben. Es war ein heißer Tag – Hermaphroditos plätscherte nackt und vergnügt in den Wellen –, da wurde die Quellenbesitzerin, eine Nymphe, die ebenfalls Salmakis hieß, auf ihn aufmerksam. Natürlich gefiel ihr der Junge. Von ihrer Seite aus war es sozusagen Liebe auf den ersten Blick.

Die meisten Nymphen waren es, aufgrund ihrer göttergleichen Sonderstellung, gewohnt, sich alle diesbezüglichen Wünsche sofort zu erfüllen.

Salmakis näherte sich also heimlich dem planschenden Jüngling, packte ihn plötzlich und zog den völlig Überraschten hinunter in das hier ziemlich tiefe Wasser.

Im Bachbett vergewaltigte sie ihn ausgiebig. Das muß ihr so zugesagt haben, daß sie nunmehr glaubte, sie könne ohne ihn nicht mehr leben.

Der Jüngling selbst aber war mit der ihm zuteil gewordenen Behandlung nicht zufrieden und wollte weg.

Nymphe Salmakis hatte wohl den Verdacht, daß sie den Geliebten nicht dauernd würde festhalten können, und wandte sich deshalb an Zeus mit der flehentlichen Bitte, er möge doch irgendein Mittel finden, das jede Trennung verhindere.

Und Zeus fand eine verblüffende Lösung. Er verschmolz einfach die Salmakis mit dem Hermaphroditos, so daß beide fortan nicht nur ein Herz und eine Seele, sondern auch ein Körper waren.

Unromantisch ausgedrückt: Aus dem Hermaphroditos wurde ein Zwitter, halb Frau, halb Mann.

Diese neuartige Konstruktion des Göttervaters fand vor allem bei den bildenden Künstlern Anklang, die nun serienweise Statuen und Bilder von Hermaphroditen schufen, die sie sowohl mit weiblichen als auch mit männlichen Geschlechtsmerkmalen ausstatteten.

Allein von dem berühmten »Schlafenden Hermaphroditos« sind sieben antike Kopien erhalten geblieben. Zwei davon können im Thermenmuseum und in der Villa Borghese zu Rom besichtigt werden.

Die Sagenerzähler wie die Künstler bringen dieses Doppelwesen kaum mit Frauen oder Männern in Verbindung, sondern meistens mit den Satyrn, die offenbar seine Hauptliebhaber waren.

Von einem besonderen – oder gar öffentlichen – Kult des Hermaphroditos wird nichts berichtet. Tempel und ähnliche Verehrungszentren scheint er nicht gehabt zu haben. Die Beschäftigung mit ihm blieb anscheinend ganz privat. Ein Hobby sozusagen.

Zufall und Augenblick

Auch dafür gab es natürlich eigene Götter: eine Dame und einen Herrn.

Fangen wir höflicherweise mit der Dame an. Sie hieß Tyche und führte den schönen Titel »Göttin des glücklichen Zufalls«.

Für den unglücklichen Zufall hatten die alten Griechen offenbar keine besondere olympische Vertreterin. Dieses Ressort wurde von verschiedenen Göttern wechselweise ausgeübt.

Tyche dachte man sich auch als freundliche Fee, die sich der Geschicke eines einzelnen Menschen annahm – als Schutzengel, wie wir sagen würden.

Sie nahm auch ganze Städte wohlwollend unter ihre Fittiche. In solchen Fällen wurde sie – wie das bei städtischen Schutzgöttinnen allgemein üblich war – mit einer Krone auf dem Haupt dargestellt, die wie eine Ringmauer anzusehen war.

Das verhieß dann dem jeweiligen Gemeinwesen Segen, gesunde Finanzen, wenig Erdbeben, seltene Pestseuchen und bei Belagerungen plötzliche Errettung durch einen glücklichen Zufall. Aber wie die inzwischen ausgegrabenen Ruinen zahlreicher von Feinden erstürmter und niedergebrannter Städte beweisen, scheint es mit Tyches Schutzpatronage nicht immer und überall geklappt zu haben.

Wie Tyche überhaupt etwas launisch und unberechenbar war – in ihren Entscheidungen eben »zufällig«.

Aber das mußte man in Kauf nehmen, und da alle Völker im Laufe der Geschichte der glücklichen Zufälle immer häufiger bedurften, so wurde die nützliche Tyche auch von den alten Römern übernommen.

Bei ihnen hieß sie Fortuna, und unter diesem Namen ist sie uns allen bis heute vertraut. Ganz genau gesagt: Die griechische Göttin verschmolz mit einer altitalienischen.

In Rom ließ man sie allerdings nicht nur über glückliche Zufälle walten. Man beförderte sie dort vielmehr zur Schicksalsgöttin und spannte sie für alle möglichen Aufgaben ein. So hatten es zum Beispiel die heranwachsenden Knaben nur ihr zu verdanken, wenn ihnen der Bart sproßte. Da die jungen Herrn damit die Grenze zur Männlichkeit überschritten, opferten sie dankbar der »Fortuna virilis« – der »männlichen Fortuna«.

Wer heute durch die Urbs aeterna spaziert, kann in der Nähe der Palatinbrücke über den Tiber den kleinen, aber guterhaltenen Tempel der Fortuna virilis aus dem 1. Jahrhundert vor Christus betrachten. Die modernen Bartträger könnten bei dieser Gelegenheit ein kleines Dankopfer auf die Stufen legen.

Besonders verehrt wurde die Göttin auch im alten Antium, dem heutigen Anzio, nicht weit von Rom am Meer gelegen. Dort besaß Kaiser Nero eine Villa, und er konnte ein bißchen »Fortuna« schon gebrauchen.

Aber hauptsächlich opferten ihr dort die Fischer, denn Fortuna war auch die römische Göttin der Schiffahrt. Daher findet man auf ihren bildlichen Darstellungen häufig einen Schiffsbug oder ein Steuerruder.

Ihre bekannteste Kultstätte war die Felsenstadt Praeneste, das spätere Palestrina, ebenfalls in der Nähe Roms gelegen. Leider ist von dem eindrucksvollen Tempel, der die Anhöhe hinaufgebaut war, nicht viel übriggeblieben.

Fortes adjuvat Fortuna – heißt das alte Sprichwort: Dem Mutigen hilft das Glück.

Aber das war und ist nicht so sicher. Nicht umsonst stand Göttin Fortuna in der Vorstellung der Alten auf einer rollenden Kugel, und die Gaben ihres Füllhorns, mit dem sie oft abgebildet wurde, teilte sie sehr willkürlich und ohne Ansehen von Verdienst und Würdigkeit aus.

So wurde sie nicht nur geliebt, sondern auch gehaßt. Damals wie heute noch von Künstlern und Politikern, von Wirtschaftsbossen und kleinen Angestellten. Und nicht zuletzt von dem Millionenheer der Lottospieler.

Ich hatte am Anfang dieses Kapitels von zwei einschlägigen Gottheiten gesprochen, von einer weiblichen und einer männlichen.

Es ist klar, das weibliche Element überwiegt bei allem, was dem Zufall überlassen ist, und oft kann erst viel später entschieden werden, ob es sich um einen glücklichen oder unglücklichen Zufall gehandelt hat. Meistens bestimmen das die Damen ohnehin selbst.

Bleibt noch die männliche Gottheit. Dieser Olympier hörte – wenn man sehr reaktionsschnell rief – auf den Namen Kairos.

Er wurde, wie ein Bildwerk des Lysippos zeigt, als blitzartig dahineilender Jüngling mit beflügelten Füßen dargestellt. Wer ihn festhalten wollte, der mußte in Sekundenbruchteilen zupacken. Sonst flitzte die Chance vorbei.

Denn nicht umsonst war Kairos der »Gott des günstigen Augenblicks«.

Das Riesengeschlecht der Titanen ist uns in einzelnen – mehr oder weniger sympathischen – Exemplaren bereits hie und da begegnet.

Es handelte sich um sechs Söhne und sechs Töchter der Urmutter Gaia und des ursprünglichen Himmelsherrschers Uranos. Sie machten die Revolution des Kronos gegen ihren Vater mit, aber als dann Zeus die Macht ergriff, kam es zum großen Krach.

Ein Teil der Titanen erwies sich als aufmüpfig und rebellierte gegen die olympische Firma Götter GmbH. & Co. KG.

Die Olympier reagierten zuerst mit Aussperrung. Als das nichts half und es zum mörderischen Kampf kam, holten sie listig geeignete Bundesgenossen herbei: die Kyklopen nämlich, auch ein Geschlecht der Riesen, einäugige Brüder der Titanen, gelernte Schmiede, die dem Zeus Blitze und Donnerschläge fabrizierten, und kräftige Steinträger, die sich im Bau sogenannter »zyklopischer« Mauern hervortaten.

Mit diesen Schwergewichtlern gelang es den Göttern, die Titanen zu besiegen und sie in den Tartaros zu schleudern, in einen fürchterlichen Abgrund tief unter der Erde.

Hauptanführer in dieser »Titanomachie« – in diesem »Titanenkampf« – war ein gewisser Iapetos gewesen, Vater eines Sohnes, der dann beträchtliche Berühmtheit erlangen sollte.

Prometheus – so hieß der Sprößling – brachte es nämlich fertig, den Göttern auf dem Olymp das Feuer zu stehlen.

Er versteckte den Brand geschickt im Schaft einer Pflanze – Ferula communis genannt, auf deutsch »Gemeines Stecken-kraut« – und brachte ihn so sicher zur Erde.

Das war gegen die olympische Hausordnung! Die Göt-ter wollten nämlich nicht, daß die Menschen den Gebrauch des Feuers erlernten. Das war ihnen viel zu riskant. Ver-mutlich sahen sie in ihrer olympischen Weisheit bereits vor-aus, was die Sterblichen damit anstellen würden: Feuer-waffen produzieren, Brandbomben erfinden, Raketentrieb-werke konstruieren – und lauter solchen Unfug, der vor-züglich geeignet war, die Sterblichkeit der Sterblichen rapide zu erhöhen.

Und jetzt pfuschte ihnen dieser unselige Prometheus ins Konzept.

Die Menschen, die die Sache nicht so ganz übersahen, waren natürlich hocherfreut und feierten den Prometheus wie einen Gott. Überall loderten Feuer auf, und allerorten machten die Sterblichen dem göttlichen Schmiedemeister Hephaistos unerlaubte Konkurrenz.

Zeus entschloß sich, ein abschreckendes Beispiel zu sta-tuieren.

Zunächst schickte er eine Roboterin auf die Erde, eine weibliche Kunstfigur mit Namen Pandora.

Der wütende Hephaistos hatte sie aus Lehm und Wasser zusammengeknetet. Liebesgöttin Aphrodite verlieh ihr ero-tische Ausstrahlungskraft. Da sie aber damit allein noch nicht viel ausrichten konnte, rief der Götterrat noch den Hermes hinzu, der ihr etwas von seiner Schlauheit und Raffinesse abgab. Schließlich überreichte ihr Zeus eine Ge-heimwaffe.

Äußerlich sah diese aus wie eine gewöhnliche Büchse oder ein Fäßchen, aber darin befanden sich sämtliche Übel und Unannehmlichkeiten, die man bis dahin kannte, und außerdem – als besondere Pointe – die trügerische Hoffnung. Mit dieser Bombe ausgerüstet, wurde die künstliche Dame zur Erde hinabgeschickt.

Mit den von Hermes geerbten Tricks erschlich sie das Vertrauen des Epimetheus, des Prometheus Bruder.

Kaum hatte sie der Verblendete geheiratet, da öffnete sich die Büchse der Pandora, und das geballte Unheil strömte heraus, um sich über den Erdball zu verbreiten.

In dem Behälter blieb nur die trügerische Hoffnung.

Und davon zehrt die Menschheit bis auf den heutigen Tag.

Den Feuerbringer Prometheus traf die Rache der Götter hart. Zeus ließ den Kratos kommen – eine olympische Hilfskraft von ungeheurer Stärke – und befahl, den Prometheus nach dem Kaukasus zu deportieren und ihn dort an einen Felsen zu schmieden. Kratos führte den Befehl ohne Widerspruch und ohne Skrupel aus.

Nun schickte Zeus zur Strafverschärfung einen besonders gefräßigen Adler, der dem armen Prometheus jeden Tag ein Stück von der Leber wegpickte. In jeder Nacht wuchs das Stück wieder nach.

Und so hätte das ewig weitergehen können, wenn sich Zeus nicht eines Tages erbarmt hätte.

Vielleicht hatte er inzwischen bemerkt, daß die Menschen mit dem Feuer nicht nur lauter Blödsinn trieben. Jedenfalls erlaubte er dem Herakles, seinem unehelichen Sohn, den gräßlichen Adler zu erschlagen.

Prometheus wurde von seinem Felsen abgehängt, auf den Olymp geholt und dort amnestiert. Und nicht nur das – er bekam sogar einen Beratervertrag mit der Firma Götter GmbH. & Co. KG.

So schnell kann man also aus der Patsche in die High Society kommen. Oder vom Kaukasus zum Olymp.

Prometheus soll sich später als großer Anreger aller kulturellen Bestrebungen betätigt haben, und seine Anhänger auf der Erde glaubten sogar, er könne Menschenwesen aus Töpferton herstellen und ihnen den Hauch einer schöpferischen Seele einblasen.

Per saldo gesehen, hat sich also der Diebstahl des himmlischen Feuers für die Sterblichen doch gelohnt. Trotz einiger unangenehmer Begleiterscheinungen.

Nur die verdammte Büchse der Pandora kriegt keiner mehr zu.

Theseus

Ein Heros zu sein oder zu werden, war für einen Helden im alten Griechenland eine höchst verdienstvolle Sache.

Er wurde verehrt, gefeiert und mit Opfern verwöhnt. Über seinem Grab wurde eine Weihestätte errichtet – das Heroon.

Früher mußte der Heros göttlicher Abstammung sein, also wenigstens aus einem der zahlreichen Seitensprünge der Olympier hervorgegangen. Im Laufe der Zeit nahm man es aber damit nicht mehr so genau und ließ auch weniger Hochgeborene zu.

Man erwies sogar noch Lebenden die Ehren eines Heros – vorausgesetzt, sie verhielten sich heroisch.

Ein Vorbild an Heroismus war beispielsweise der wohlbekannte Theseus, der attische Nationalheld.

Theseus kam in allerhöchsten Gesellschaftskreisen zur Welt, als Sohn des Königs Aigeus von Athen. Gezeugt wurde er allerdings auswärts und unter Beachtung allergrößter Diskretion.

Aigeus besuchte nämlich einst einen alten Gastfreund, den König Pittheus, der in der Stadt Troizen in der schönen griechischen Landschaft Argolis residierte. Pittheus beherbergte und bewirtete ihn eine Zeitlang auf das liebenswürdigste, ohne zu ahnen, daß Aigeus nicht nur die Freuden der Tafel, sondern auch die Reize der Königstochter Aithra genoß.

Schließlich mußte aber Aigeus doch wieder heim nach Athen. Denn die Geschichte lehrt: Wenn Könige zu lange abwesend sind, gibt es zu Hause leicht Revolution, und der gekrönte Zuspätheimkehrer landet dann plötzlich in einer Republik.

Am letzten Tag ihres geselligen Beisammenseins führte nun Aigeus seine Aithra in einen verschwiegenen Pinienhain, scharrte ein wenig im Boden herum, zog seine von Gold schimmernden Sandalen aus, legte sie in die Grube, packte noch sein erstklassiges Schwert – eine Spezialanfertigung – hinzu und wälzte über dieses geheime Schließfach mit aller Kraft einen ansehnlichen Felsen.

Während er noch von der Anstrengung schnaufte, fragte die neugierige Aithra, was das Ganze denn eigentlich solle.

Da richtete sich Aigeus auf und sprach mit Würde:

»Hör mal zu: Wenn der Sohn, den du zweifellos von mir unter dem Herzen trägst, herangewachsen ist und genügend Muskelstärke besitzt, um diesen Felsen wegzuwälzen, dann zieh ihm meine Sandalen an, die ihm hoffentlich passen werden, umgürte ihn mit meinem schönen Schwert und schicke ihn zu mir nach Athen. An diesen beiden Wahrzeichen werde ich ihn dann als meinen Sohn erkennen und ihn sofort zum Thronerben einsetzen.«

Mit dieser Ansprache nahm König Aigeus seinen Abschied, um zu Hause in Attika wieder nach dem Rechten zu sehen.

Die Tatsachen bestätigten bald sein prophetisches Gemüt. Aithra gebar den Knaben Theseus, und nachdem sich ihr Vater Pittheus von seiner Überraschung erholt hatte, weigerte er sich nicht, einen Sprößling aus so edler Verbindung in seinem Hause zu dulden. Er half sogar tatkräftig bei der Aufzucht und Erziehung.

Als Theseus nun herangewachsen war, prüfte Mutter Aithra seine Muskeln und führte ihn dann an die bewußte Stelle im verschwiegenen Pinienhain.

Theseus versuchte sich an dem Felsen, rollte ihn tatsächlich beiseite und wurde mit den Sandalen bekleidet und mit dem Schwerte umgürtet.

So ausgerüstet, machte er sich auf die Reise nach Athen.

Unterwegs kam ihm die traditionsreiche Hieb- und Stichwaffe sehr zustatten, denn er wurde von einem ganzen Sortiment verschiedener Wegelagerer angefallen, die er der Reihe nach teils überlistete, teils erschlug.

Da war zum Beispiel ein gewisser Prokrustes – bis heute sprichwörtlich bekannt als Erfinder eines neuartigen Bettes. Dieser Prokrustes betrieb einen Straßenausschank mit Übernachtungsmöglichkeit.

Kaum hatte sich ein einsamer Wanderer an seinem Tresen mit einem kühlen Trunk gestärkt, packte er ihn auch schon am Kragen und warf ihn auf seine Patentlagerstatt.

War der Gast zu lang geraten, so hackte er ihm die über die untere Bettkante herausragenden Gliedmaßen ab. War der Kunde zu kurz, so streckte er ihm kunstgerecht die Beine, bis er paßte.

Prokrustes machte das sehr geschickt und trug daher seinen Ehrennamen »Der Gliederstrecker« in Ganovenkreisen mit Stolz.

Ein weiterer Krimineller war Periphetes, der Keulenschwinger, der die Passanten mit diesem Instrument erschlug und dann ausraubte.

Besonders raffiniert arbeitete ein Bursche namens Sinis. Er gab sich als Sporttrainer aus und lud die Vorübergehenden ein, mit ihm zusammen eine Fichte niederzubeugen. So ein bißchen Trimm-Dich unterwegs.

Manche Herren machten mit. War die Fichte mit vereinten Kräften niedergebeugt, dann ließ Sinis plötzlich los, während der Partner noch festhielt, und dieser Bedauernswerte wurde in die Höhe und zu Tode geschleudert.

Widerliche Praktiken übte auch Skeiron. Er saß an einer engen Wegstelle hoch über dem Meer an einer Felswand neben einer Quelle. Kam ein Reisender vorbei, dann jammerte er furchtbar, die Füße täten ihm so weh, ob der Herr nicht so freundlich wäre, sie ihm mit Wasser ein bißchen zu kühlen.

Kaum hatte sich der mitleidige Mensch niedergekniet, um aus der Quelle Wasser zu schöpfen, da trat ihm der hinterhältige Skeiron mit aller Gewalt vor die Brust, so daß er rückwärts in die Tiefe purzelte.

Unten wartete bereits eine riesenhafte Schildkröte, die das Opfer sofort auffraß.

Relativ harmlos war dagegen die Phaia, ein böses Schwein, das sich schrecklich grunzend auf jeden Fremdling stürzte und meistens Sieger blieb.

Gefährlicher war dann wieder der ungeschlachte Kerkyon, der in der Nähe von Eleusis lauerte und niemanden vorbeiließ, es sei denn, er hätte mit ihm gerungen. Wobei der Ausgang des Kampfes niemals zweifelhaft war.

Alle diese Ungetüme überwand der heldenhafte Theseus und leistete damit einen wichtigen Beitrag zur Sicherung der Reisewege.

Erschöpft, aber frohgemut erreichte er schließlich Athen. Dort kam es zunächst zu einem Mißverständnis mit Bauarbeitern. Theseus trug nämlich nicht attische, sondern jonische Tracht, also ein langes Kleid und hochgesteckte Haare. Als er in diesem Aufzug an der Baustelle eines Tempels vorbeikam, machten die Arbeiter allerhand unziemliche Bemerkungen über das »Mädchen«, das da so allein durch die Stadt strich. Sie riefen einiges hinter ihm her, was auch heute noch manchem Mädchen an mancher Baustelle nachgerufen wird.

Aber bei Theseus kamen sie an den Unrechten. Er spannte schnell ein Paar Stiere vor ein Fahrzeug, das gerade Marmor- und Porosblöcke angeliefert hatte, und warf den Wagen samt Inhalt mit größter Leichtigkeit über den Dachstuhl des Tempels.

Leider gab es damals noch keine Fernsehkamera, um das Ereignis festzuhalten, aber es ist anzunehmen, daß die vorwitzigen Bauarbeiter schleunigst auf die Gerüste krabbelten, um sich in Sicherheit zu bringen.

Bei Hofe erwartete Theseus jedoch zunächst Ungemach. Dort hatte sich nämlich inzwischen die übelbeleumundete Medea eingenistet, jene zauberkundige Königstochter, die einst dem Argonautenführer Jason beim Diebstahl des Goldenen Vlieses geholfen, dann auf der Flucht ihren Bruder getötet und in Stücke geschnitten, schließlich Feuer gelegt und ihre eigenen Kinder umgebracht hatte.

Auf ihrem Drachenwagen war sie der fälligen Bestrafung entwischt und zu König Aigeus geflohen.

Dieser war damals schon ein betagter Herr. Und mit der im Laufe der Jahre erworbenen Nachsicht vieler alter Leute nahm er die Flüchtige auf, ohne sich vermutlich über ihre bedenklichen Charaktereigenschaften völlig im klaren zu sein. Medea erkannte sofort: Hier ist ein gutes Plätzchen, das muß ich mir halten!

Schlau setzte sie sämtliche ihr noch verbliebenen Reize ein und hatte den Aigeus, der in ihren Armen offenbar eine zweite oder dritte Jugend nahen fühlte, bald soweit, daß er sie heiratete.

In diese Situation nun platzte unerwartet Theseus.

Dummerweise machte er, noch ehe er seinen Vater sah, mit seiner Stiefmutter Bekanntschaft, und diese erriet schon nach wenigen Worten, wen sie da vor sich hatte: den Sohn des Aigeus, den Thronfolger und Universalerben! Eine solche Verwandtschaft paßte natürlich überhaupt nicht in ihr Konzept. Dieser Theseus konnte ihre ganze Erbschleicherei zunichte machen.

Deshalb mußte er sofort verschwinden, ehe sich die Sache herumsprach. Am besten war wohl, man arrangierte einen unauffälligen Tod.

Wie ich immer wieder sage: Es hat sich nichts geändert. Auch in heutigen Erbstreitigkeiten verfährt man häufig nach demselben Rezept. Man braucht nur die Artikel unserer Gerichtsreporter aufmerksam zu lesen.

Das Altertum hatte nur einen einzigen geringfügigen Vorteil: Wenn man jemanden loswerden wollte, berief man sich einfach auf irgendein Orakel.

Medea redete also ihrem Aigeus etwas Derartiges ein, und der aller Wahrscheinlichkeit nach bereits von Cerebralsklerose heimgesuchte König glaubte es.

Medea mischte sofort ein hochwirksames Gift in einen Becher Wein und überreichte den Schoppen unter allerlei Lobsprüchen dem Theseus.

Der setzte gerade zum frohen Trunk an, als völlig unprogrammäßig König Aigeus am Tatort erschien. Sein Blick fiel auf die Sandalen und das Schwert des Fremdlings; er erkannte auf der Stelle seine eigenen Utensilien und schlug Theseus im letzten Augenblick vor dem Ex-Trinken den Becher aus der Hand.

Ein paar Fragen – und der König wußte Bescheid. Vor ihm stand niemand anders als sein Sohn.

Nun fiel der Verdacht natürlich sofort auf Medea, die wieder einmal ihren Drachenwagen zur rettenden Flucht benutzen mußte. Sie versteckte sich in ihrer alten Heimat, in Kolchis am Pontus Euxinus, dem Schwarzen Meer. Und dort lassen wir sie jetzt sitzen, weil sie uns nicht mehr interessiert.

Nun lebte Theseus unangefochten im königlichen Palaste zu Athen und war bei Hofe und beim Volk beliebt.

Aber wie jeder Kronprinz, wollte er sich einen Namen machen und Heldentaten begehen, die ihm eine gute Presse einbringen sollten und außerdem seinem Lande nützten.

Da traf es sich günstig, daß die Gegend von Marathon gerade von einem fürchterlich wilden Stier verwüstet wurde.

Es handelte sich um jenes Rindvieh, das einst der Meergott Poseidon aus Rache geschickt hatte, das von Herakles eingefangen, aber von dessen Arbeitgeber Eurystheus wieder freigelassen worden war.

Theseus fing das Biest mit einem Lasso und brachte es im Triumphzug nach Athen.

Alles jubelte ihm zu, und damit der gefährliche Stier ja nicht wieder entkam, wurde er dem Apollon geopfert.

Trotzdem hatte die Geschichte immer noch einen Haken. Vor achtzehn Jahren nämlich hatte sich der Jüngling Androgeos, Sohn des Königs Minos von Kreta, ebenfalls an dem Stier versucht, war aber von ihm getötet worden.

König Minos schöpfte sofort den Verdacht, die verdammten Athener hätten dabei ihre Hände im Spiel gehabt.

Außer sich vor Trauer und Wut bemannte er seine große Flotte mit sämtlichen verfügbaren Elitetruppen, erschien damit vor dem Hafen von Athen und drohte, die Bevölkerung auszurotten und alles kurz und klein zu schlagen, wenn sich die Athener nicht zu Tributleistungen verpflichteten. Was blieb denen angesichts der aufgebotenen Kriegsmaschine übrig, als nachzugeben!

Aber als dann die Tributbedingungen veröffentlicht wurden, ging das Heulen und Zähneklappern los. Die Bürgerschaft mußte nämlich in regelmäßigen Abständen — manche Berichterstatter sagen jährlich, andere meinen, alle neun Jahre — sieben wohlgeratene Jünglinge und sieben schöne Jungfrauen aus allerersten Familien nach Kreta liefern, wo sie dem grauenerregenden Ungetüm Minotauros zum Fraß vorgeworfen wurden.

Dieser Minotauros entstammte einem Seitensprung der Minos-Gattin Pasiphaë. Die Königin hatte sich einst in einen reinweißen Stier verliebt, ohne zu wissen, daß dieser vierbeinige Gespiele ihr von dem hinterlistigen Poseidon in die Quere geschickt worden war. Der Meergott war nämlich verärgert, weil König Minos sich, ohne ihn zu fragen, eine gewaltige Seemacht zugelegt hatte und mit seinen Schlachtschiffen überall unbekümmert herumfuhr.

Minos glaubte, als Sohn des Zeus und der Europa könne er sich das leisten.

Weil Zeus nun die Europa als Stier verführt hatte, ließ Poseidon der Pointe wegen die Pasiphaë auch von einem Stier verführen.

Das Ergebnis aber gestaltete er abschreckend. Die Königin von Kreta gebar ein Wesen, das halb Stier, halb Mensch war und außerdem gräßliche Diätgewohnheiten hatte. Es fraß nur Menschenfleisch.

Wegen seiner Gemeingefährlichkeit mußte dieser Minotauros – der »Minos-Stier«, wie er teils entsetzt, teils spöttisch genannt wurde – unter Verschluß gehalten werden. Zu diesem Zwecke hatte Minos durch seinen Hofarchitekten Daidalos – lateinisch Daedalus –, einen Athener Emigranten, das berühmte Labyrinth bauen lassen.

Darin saß nun der Minotauros wie eine Riesenspinne im Netz und wartete darauf, daß ihm seine Mahlzeiten vorgeworfen wurden.

Meistens benutzte man dazu Verbrecher und sonstige unerwünschte Persönlichkeiten, aber auch jene sieben Jünglinge und sieben Jungfrauen aus dem atheneischen Tribut.

Nun war wieder einmal die Zeit der Lieferung herangenaht, die Spediteure aus Kreta waren schon eingetroffen, um die Transportformalitäten zu erledigen, man war gerade damit beschäftigt, die passenden Damen und Herren unter großem Wehklagen der Angehörigen auszuwählen – da, was geschieht? Königssohn Theseus meldet sich freiwillig!

Händeringend stürzt Vater Aigeus auf ihn zu, sogar der Oberpriester versucht, den unersetzlichen Thronerben beiseite zu zerren; aber es hilft alles nichts. Theseus bleibt bei seinem Entschluß. Zusammen mit den anderen Opfern besteigt er das Schiff, das zum Zeichen der Trauer schwarze Segel führt.

Da fällt dem Theseus etwas ein. Er ruft seinem am Ufer stehenden, tiefgebeugten Vater zu:

»Wenn wir Glück haben und unversehrt zurückkehren, dann sollen *weiße* Segel schon von weitem die frohe Botschaft anzeigen.«

Damit war klar, daß Theseus irgendeine Trumpfkarte im Ärmel mitführte. Auf den Kampf mit Stieren hatte er sich ja inzwischen spezialisiert.

Bei der Landung in Kreta wurden die Opfer aus Athen feierlich begrüßt, wie es Sitte war. Auch die Tochter des Königs Minos, die liebreizende Ariadne, hatte ihren Ehrensitz eingenommen.

Theseus ging nun sofort systematisch vor. Er warf der Ariadne lodernde Blicke zu, die sie zuerst verschämt, dann ebenfalls lodernd erwiderte. Er wurde ihr vorgestellt, man kam ins Gespräch, man sah sich wieder, und so bandelte sich während der Zeit, in der die Opfer traditionsgemäß durch einen First Class Service auf ihren Tod vorbereitet wurden, ein scharfer Flirt an zwischen den beiden Königskindern.

Schließlich war Ariadne so verliebt in den schönen Athener, daß sie den Gedanken, er werde demnächst vom Minotauros verspeist, einfach nicht ertragen konnte. Sie pfiff daher auf die Staatsraison und benahm sich konspirativ.

Als der Tag der Opferung gekommen war und die sieben Jungfrauen und sieben Jünglinge festlich geschmückt vor das Labyrinth geführt wurden, da steckte sie dem Theseus heimlich ein Schwert und ein Garnknäuel zu.

Theseus wußte: Das Labyrinth hatte Daedalus so gebaut, daß niemand mehr herausfand. Also befestigte er den Anfang des Fadens am Eingang und spulte das Knäuel beim weiteren Vordringen ab.

Augenzeugenberichte über das, was nun folgte, sind leider nicht erhalten. Man muß den Gang der Ereignisse nach der Wahrscheinlichkeit rekonstruieren.

Irgendwo im Dunkel der labyrinthisch verschlungenen Gänge traf die Gruppe der Todgeweihten auf den Minotauros.

Das Stiermensch-Monstrum benahm sich vermutlich sehr leichtsinnig, denn es war wohl kaum Widerstand gewöhnt. Gegnerische Waffen hatte es nie zu spüren bekommen; alle bisherigen Opfer hatten sich willig fressen lassen.

Diese phlegmatische Einstellung erlaubte es Theseus, das Ungeheuer durch einen Blitzangriff zu überraschen und mit dem Schwerte zu erlegen.

Während der Minotauros verröchelte, tastete sich Theseus an dem Faden der Ariadne zum Ausgang zurück und führte seine Gruppe von Jungfrauen und Jünglingen ins Freie. Unversehrt und ungesehen!

Denn Hofstaat, Priesterschaft und Volk hatten sich längst vom Schauplatz entfernt, weil natürlich niemand einen zweiten Auftritt der Opfer erwartete. Nur Ariadne war zur Stelle.

Theseus bedankte sich für ihre geniale Idee, und der Begriff »Leitfaden« ist uns heute noch geläufig.

Man findet ihn als Titel auf Büchern, die durch ein modernes Labyrinth führen sollen. Zum Beispiel durch die Steuergesetzgebung.

Ariadne konnte natürlich nicht auf Kreta zurückgelassen werden; die Gefahr, daß ihre Mittäterschaft entdeckt und von den Priestern hart bestraft werden würde, war zu groß. Außerdem wollte sie keinesfalls von ihrem geliebten Theseus getrennt leben.

Also nahm er sie mit an Bord des schnellen Schiffes, das die Reisegruppe schon von Athen nach Kreta gebracht hatte und das noch seeklar im Hafen lag.

Die Flucht gelang. Um etwaigen Verfolgern zu entgehen, nahm Theseus erst einmal Kurs auf die Insel Naxos und hielt sich dort mit seinen Leuten ein paar Tage lang verborgen.

Und hier zeigte es sich, daß er bei allem Heldentum doch von flatterhafter Gemütsart war. Oder daß er sein Liebesspiel mit der zutraulichen Ariadne von Anfang an wirklich nur aus eiskalter Berechnung getrieben hatte.

Jedenfalls beorderte er eines frühen Morgens, als Ariadne noch fest schlief, alle seine Gefährtinnen und Gefährten an Bord und verließ klammheimlich die Insel.

Alle Tränen nützten der armen Königstochter nichts, als sie erwachte und den Lagerplatz an ihrer Seite leer fand. Nicht einmal einen Abschiedsbrief hatte der Herzensbrecher hinterlassen.

Ihr Jammern rührte nach einiger Zeit den Weingott Dionysos, der sie auf Naxos besuchte, an ihr Gefallen fand und sie zu seiner Göttergattin machte.

Das war für Ariadne eine weitaus bessere Partie als Theseus, denn auf dem Olymp genoß sie – wie wir wissen –

das Privileg ewiger Jugend, und wer kann sagen, was ihr Theseus geboten hätte – oder auch nicht.

Trotzdem muß hier ein Merkspruch für unverheiratete Mädchen angefügt werden: Man gebe einem Mann nur dann ein Garnknäuel, wenn man auch noch andere Bindungen hat, auf die man sich verlassen kann.

Theseus dachte auf der Heimfahrt – wie die meisten jungen Herren – nicht weiter über die Sache nach. Er scheint überhaupt sehr vergeßlich gewesen zu sein.

So war es zum Beispiel seinem Gedächtnis entfallen, daß er seinem Vater versprochen hatte, bei glücklichem Ausgang des Unternehmens die schwarzen Segel seines Schiffes gegen weiße zu vertauschen.

Am Hafen von Athen kletterte der alte Aigeus trotz seiner Arthritis jeden Morgen auf einen Felsen und hielt verzweifelt Ausschau.

Und wirklich – eines Tages kam das wohlbekannte Staatsfahrzeug in Sicht. Aber – Entsetzen packte den Greis – es führte schwarze Segel!

Die Seeleute kamen also allein zurück. Die Opfer – darunter seinen Sohn Theseus – hatte der Minotauros verschlungen.

Obwohl er doch aus bisheriger Erfahrung mit einem solchen Ausgang rechnen mußte, konnte es Aigeus diesmal nicht verwinden, stürzte sich ins Meer und ertrank.

Er ahnte nicht, daß er mit seiner Tat einen wertvollen Beitrag zur Geographie leistete, denn nach ihm wird dieses Seengebiet bis Kreta fortan das »Ägäische Meer« genannt.

Kaum sprang Theseus an Land, da ging es auch schon los:

»Der König ist tot – es lebe der König!«

Keine Staatsform wechselt in solchen Fällen so schnell zur Tagesordnung über wie eine Monarchie.

Weist ein Staat nur einen Präsidenten auf, so treten bei seinem Tode sofort Schwierigkeiten ein. Er ist noch nicht unter der Erde oder im Krematorium, da streiten sich schon die Interessentengruppen um die Person seines Nachfolgers.

Untertanen einer Monarchie haben dagegen Glück. Die müssen den nehmen, der dran ist. Auch wenn es hinten und vorn hapert. Auf dem Thron merkt man das nicht so.

Die Athener konnten sich allerdings über Theseus nicht beklagen. Er gemeindete sofort die ganze Landschaft Attika ein, was der schönen Stadt zu Füßen der Akropolis noch mehr Glanz verlieh.

Und nach dieser Tat ging er wieder auf Brautschau. Die schöne Antiope, die Königin der Amazonen, hatte es ihm angetan.

Ein Held wie Theseus war es nicht gewohnt, bei seinen Liebesaffären lange zu fackeln. Er griff sich die Dame einfach mitten aus ihrem Gefolge heraus und führte sie im Triumphzug heim.

Kenner der Zusammenhänge behaupten in ihren Schriften, Antiope hätte diesem räuberischen Unternehmen wohlwollend gegenübergestanden, da sie sowieso schon in Theseus verliebt gewesen wäre. Dieser griechische Held muß ein ausgesprochener Frauenheld gewesen sein.

Nicht einverstanden war jedoch das Volk der Amazonen. Das Frauenheer überzog Athen mit Krieg. Es kam zu einem wilden Straßen- und Häuserkampf in der Stadt.

Theseus siegte zwar, aber an seiner Seite fiel die tapfer gegen ihre eigenen Landsmänninnen streitende Antiope.

Theseus war also schon wieder allein.

Ein alter Freund von ihm, der Lapithenkönig Peirithoos, den wir auch schon kennen, war gerade ebenfalls zum Witwer degradiert worden. Dieser machte nun den Vorschlag, man sollte gemeinsam auf Frauenraub ausziehen. Da könne man sich gegenseitig helfen, und außerdem hätte man unterwegs ein bißchen Unterhaltung. Unternehmungslustig reisten die Herren ab.

Zuerst half Peirithoos dem Theseus bei der Entführung der schönen Helena. Als diese glücklich in Athen untergebracht war, forderte Peirithoos als Gegenleistung Schützenhilfe beim Raub der Persephone.

Das war nun eine kitzlige Sache, denn Persephone war ja immerhin die Gemahlin des Hades, des Fürsten der Unterwelt.

Die Expedition wurde auch prompt ein Fehlschlag. Hades schnappte die beiden und fesselte sie lebenslänglich an scharfkantige Felsen.

Erst Kollege Herakles hat später, bei einem Ausflug in die Unterwelt, den Theseus befreit. Den Peirithoos aber ließ er hängen, wo er hing.

Trotzdem waren des Theseus Tage gezählt. Kastor und Polydeukes waren während seiner Abwesenheit in Athen aufgekreuzt und hatten ihre Schwester Helena befreit. Hätten sie das nicht getan, wäre wahrscheinlich der Trojanische Krieg nicht ausgebrochen – aber wer konnte das wissen. Die Athener waren wegen des feindlichen Einfalls wütend und vertrieben den Theseus aus der Stadt.

Der abgesetzte König floh auf die Insel Skyros – aber schon damals hatte man für Monarchen im Exil nicht viel übrig. Der dortige Herrscher führte den unerwünschten Gast einfach auf die nächste Klippe und stürzte ihn eigenhändig ins Meer. So endete der Fall Theseus. Undank ist der Welten Lohn!

Das war der Superstar unter den Heroen und der Kräftigste obendrein. Ein muskelstrotzender Gewichtheber, der auf Volksfesten Felsbrocken und Hanteln stemmt, firmiert auf seinen Plakaten gerne als »Herkules«. Auch wenn er nicht so genau weiß, daß dies der römische Name für den griechischen Herakles ist.

Natürlich konnte nur Zeus der Vater eines derart gewaltigen Helden sein, und wir haben ja schon erfahren, wie dieser Schöpfungsakt – selbstverständlich wieder einmal ein Seitensprung – zustande kam.

Der Göttervater hatte geruht, in die Stadt Theben zu kommen, sich dort die Gestalt des Amphitryon anzueignen und so dessen nichtsahnende Gemahlin Alkmene zu verführen.

Nun residierte der Perseus-Enkel Amphitryon ursprünglich in Argos. Dort hatte er aber das Pech gehabt, aus purer Unvorsichtigkeit seinen zukünftigen Schwiegervater umzubringen, was vom Volke heftig mißbilligt wurde. Um peinlichen Szenen und angedrohten Repressalien vorzubeugen, hatte Amphitryon mit seiner Braut Alkmene die Stadt verlassen und war nach Theben geflohen.

An dem Tage nun, an dem die Niederkunft der Alkmene programmgemäß stattfinden sollte, war auf dem Olymp eine Routinesitzung des Götterrates. Vor versammelter Götterschaft erklärte Zeus plötzlich, er sehe einem freudigen Ereignis entgegen, er sei überdies sicher, daß es sich um einen Sohn handle, und dieser Sohn solle der neue König von Argos werden.

Hochachtungsvolles Gemurmel unter den Olympiern und freundliche Glückwünsche im vorhinein.

Da trat Hera auf den Plan! Mit blitzendem Sarkasmus im Kuhauge stellte sie den Antrag, derjenige von den an diesem Tage zu erwartenden Nachkommen des Zeus aus dem Geschlecht der Perseiden, der als erster geboren werde, sollte der proklamierte König sein.

Woraus hervorgeht, daß die Tagesproduktion aus den götterväterlichen Seitensprüngen eine beträchtliche gewesen sein muß.

Zeus war aber augenscheinlich darüber nicht so genau informiert, wie es ein fleißiger Erzeuger mit geordneter Buchführung eigentlich sein sollte.

Er ließ sich durch diesen Antrag seiner Ehefrau – der unter den gegebenen Umständen sowieso beschämend genug war – derart überrumpeln, daß er ihm nicht nur stattgab, sondern ihn sogar feierlich beschwor.

Prompt bremste Hera die Wehen bei Alkmene und beschleunigte sie bei der Gattin eines gewissen Sthenelos in Argos. Diese brachte den Eurystheus zur Welt.

Es ist strittig, ob Zeus der Erzeuger dieses Knaben war. Viele antike Sachkenner neigen zu der Ansicht, Hera habe hier einen kleinen Betrug verübt und das notorisch schwache Gedächtnis des Göttervaters in Liebesdingen ausgenützt.

Jedenfalls – als Alkmene in Theben am gleichen Tage mit Herakles niederkam, lag er mehrere Stunden zurück.

So wurde Eurystheus zum künftigen König von Argos

bestimmt. Zeus war zwar wütend, konnte aber nichts machen. Er hatte nun mal geschworen. Und das Ärgerlichste an dem Schwur war die Klausel, daß der Zweitgeborene dem Erstgeborenen mehrere Jahre lang als Dienstleistender untertan sein mußte. Herakles wuchs in Theben auf und sollte eine erstklassige Erziehung genießen.

Aber das war nicht so leicht. Herakles erwies sich nämlich als äußerst ungebärdiges Kind. Wir erinnern uns, daß er die Göttermutter Hera in den olympischen Busen gebissen und die von ihr zu seinem Verderben ausgesandten Schlangen kurzerhand erwürgt hatte.

Und so ein Bengel sollte nun ausgerechnet – wie jede beliebige höhere Tochter – das Lautenspiel erlernen. Natürlich war er auf diesem zarten Gebiet keine Superbegabung. Seine Pratzen seien zu unharmonisch, bemerkte sein Lehrer, der prominente Sänger Linos.

Als er es beiläufig zum zwanzigsten Mal bemerkt hatte, ergriff Herakles die Laute und schlug den Lehrer mit dem Unterrichtsgegenstand über das Hirn. Gesangsstar Linos überlebte diese Attacke nicht. Die Bevölkerung von Theben war deshalb voll Unmuts und vertrieb den schlagfertigen Herakles aus der Stadt.

Weit außerhalb der Mauern mußte er nunmehr sein Dasein als einfacher Hirte fristen. Aber der junge Herakles entwickelte umweltschützerische Ideen. Er begann, zusammen mit anderen Hirten, mit der Trockenlegung gesundheitsgefährdender Sümpfe.

Gleichzeitig machte er eine ganze Reihe ebenfalls gesundheitsgefährdender Banditen unschädlich und erlegte verschiedene menschenfresserische Raubtiere.

Die Bauern der Umgegend segneten den Tag, an dem er den Linos mit der Laute erschlagen hatte, denn unter der Obhut des Herakles konnten sie in völliger Sicherheit ihrem Beruf nachgehen.

Um diese Zeit muß es sich begeben haben, daß dem verbannten Heros im Gebirge Kithairon – ausgerechnet an einem Scheideweg – zwei fremde Frauen erschienen.

Nach ihren eigenen Angaben verkörperte die eine den ungezügelten, bis zum Laster reichenden Lebensgenuß, die andere dagegen die strenge, entsagungsvolle Tugend. Herakles möge sich gefälligst entscheiden, welchen Weg er gehen wolle.

Wie es einem Heros geziemt, der bereits für die Schulbücher späterer Jahrhunderte eingeplant ist, wählte Herakles den Pfad der Tugend. Zu seinem Unmut stellte sich dann heraus, daß dieser Pfad schmal und voller Dornen war; aber gerade dieser lästige Umstand ist ja ganz im Sinne der Schulbücher, soweit sie nicht allzu progressiv sind.

Herakles erlegte bei dieser Gelegenheit noch eine gefährliche Raubkatze, die das Kithairon-Gebirge unsicher machte, und kehrte dann in sein Hirtenlager zurück.

Inzwischen aber war sein Ruf als Umweltschützer und Ungeziefervertilger bis nach Theben gedrungen. Der damals regierende König Kreon hob die Verbannung auf, erlaubte Herakles die Rückkehr in die Stadt und verheiratete den nützlichen Jüngling gleich mit seiner Tochter Megara. Er führte sich auch sofort mit einer neuen Heldentat ein. Theben mußte zu jener Zeit Tribut an einen auswärtigen König namens Orchomenos zahlen. Als nun dessen Abgesandte wieder einmal erschienen, um zu kassieren, erwartete sie eine Überraschung. Herakles schlug die Herren nieder und schickte sie beschädigt und in Schimpf und Schande heim.

Das führte selbstverständlich zu einem Angriffskrieg der Gegenseite, der aber – dank heldenmütiger Taten des Herakles – von den Thebanern gewonnen wurde.

Die Götter waren von diesem Einsatz derart beeindruckt, daß sie dem mächtigen Heros verschiedene kostbare Ehrengeschenke verliehen. So bekam er unter anderem von Apollon einen Bogen und dazu passende Pfeile, die immer tödlich trafen. Herakles lebte nun eine Zeitlang friedlich in Theben, und seine Frau gebar in stetiger Reihenfolge einige liebliche Kinder.

Aber Hera, die von allen unehelichen Kindern ihres Gatten Zeus besonders den Herakles haßte, machte sich daran, die traute Idylle zu stören.

Wie viele berühmte Helden, war Herakles psychisch anfällig. Die Göttermutter nutzte diese Labilität und löste bei ihm einen plötzlichen Wahnsinnsausbruch aus. Im Zustand völliger Zurechnungsunfähigkeit brachte der Rasende seine Frau Megara und sämtliche Kinder um. Ganz Theben war entsetzt.

Der König und die Priesterschaft berieten, was nun zu tun sei. Schließlich kam man überein, den inzwischen wieder zu sich Gekommenen nach Delphi zu schicken, um vom dortigen Orakel den Hinweis auf eine mögliche Sühne seiner gräßlichen Tat zu erflehen. Dem Spruch der Priesterin Pythia solle er sich ohne Widerspruch beugen.

Der zerknirschte Heros reiste also folgsam nach Delphi,

und kaum nahte er sich dem berühmten Dreifuß, da begrüßte ihn die Pythia erstmalig mit dem neuen Namen »Herakles«.

Wie er früher genannt wurde, ist nicht ganz klar. Die meisten Schriftsteller glauben, man habe ihn Alkeides gerufen. Nach dem Vater des Amphitryon, der Alkeus hieß.

Herakles aber ist eigentlich ein Spitzname und bedeutet »Der durch Hera Berühmte«. Man sieht also, daß die ewigen Nachstellungen der Hera inzwischen allgemein bekannt waren und dem Heros aus Theben eine so große Publicity eingebracht hatten, daß sogar die Pythia in Delphi darüber Bescheid wußte. Kunststück! Sie war ja schließlich Orakelpriesterin.

Der Orakelspruch, den sie dem straffällig gewordenen Herakles von ihrem ehernen Dreifuß herab zuteil werden ließ, war hart und versprach eine strapaziöse Zukunft.

Er sollte nämlich sofort seinen von Zeus leichtsinnigerweise angeordneten Dienst bei König Eurystheus in Argos antreten und für diesen Herrscher – jetzt kam die eigentliche Sühne – zwölf sogenannte Arbeiten verrichten. Arbeiten, die nicht nur schwer, sondern auch höchst gefährlich waren und für die sich in Argos und Umgebung niemand gefunden hatte. Herakles sollte sie nun sozusagen als Gastarbeiter verrichten.

Aber auch diese unheimlichen Abenteuer würden – so tröstete ihn die Pythia – zu seinem weiteren Ruhme beitragen.

Dem Eurystheus war Herakles unsympathisch. Außerdem kam er in der Erbfolge für den Thron von Argos gleich nach ihm selbst, und man konnte nie wissen, ob ihm da nicht der Gedanke an einen Staatsstreich oder etwas ähnlich Peinliches kommen würde. Eurytheus hoffte also inständig, sein Vetter Herakles werde die ausgesuchten Mut- und Geschicklichkeitsproben nicht überleben.

Zuerst schickte er ihn zur Stadt Nemea.

Dort lebten die Bewohner in Angst und Schrecken, denn in den Wäldern der Umgebung tobte ein fürchterlicher Löwe, der alles Wild, Vieh und jeden Passanten zerriß und den niemand überwinden konnte, weil das verdammte Biest unverwundbar war. Seine einzige schwache Stelle war die Luftröhre.

Also umschlang ihn Herakles und drückte ihm mit seinen starken Armen solange die Kehle zu, bis er alle viere von sich streckte und mausetot am Boden lag. Herakles zog ihm das Fell ab und hängte es sich über die Schulter.

Mit dieser Löwenhaut bildeten ihn die antiken Künstler ab. Lysippos zum Beispiel, von dessen Statue man 1540 eine guterhaltene Kopie in den Thermen des Kaisers Caracalla zu Rom fand. Sie gehört heute zu den Schätzen des Nationalmuseums in Neapel.

Im Triumph kehrte Herakles nach Argos zurück, und König Eurystheus war zunächst enttäuscht.

Aber es blieben ja noch andere gefährliche Expeditionen. Kaum ein paar Tage Urlaub gönnte er dem Vetter, dann schickte er ihn schon wieder los. Diesmal ging der Kriegszug gegen eine riesenhafte Schlange, die in schwer zugänglichen Sümpfen in der Gegend von Lerna hauste und die alle Umwohner gerne lossein wollten. Es traute sich aber niemand an sie heran.

Das Reptil war auch wirklich ein schreckenerregendes Monstrum. Es hatte zum Beispiel neun giftspeiende Köpfe.

Nun, das wäre noch nicht so schlimm gewesen, aber wenn man einen Kopf abschlug, dann wuchsen sofort zwei neue nach.

Herakles hatte natürlich von dieser Absonderlichkeit gehört und seine Hilfskraft namens Iolaos mit auf die Reise genommen. Dieser Iolaos stand mit einem lodernden Feuerbrand hinter Herakles, der sein Schwert schwang, ein Geschenk des Götterboten Hermes übrigens.

Zielsicher hieb der Held der lernäischen Schlange ein Haupt nach dem anderen ab, und jedesmal sprang Iolaos vor, um die Wunde auszubrennen. Da wuchs dann nichts mehr.

Mit dem Schlangengift beträufelte der Sieger dann seine tödlichen Pfeile. Doppelt genäht, hält besser!

Die Schlange hörte übrigens auf den Namen Hydra und war eine Tochter des uns bereits unrühmlich bekannten

Ungeheuers Typhon und des Monsters Echidna. Sie entstammte also einer gräßlichen Familie.

Die dritte Arbeit schien auf den ersten Blick wesentlich leichter zu sein. Es handelte sich darum, in den Bergwäldern von Keryneia in Arkadien eine Hirschkuh einzufangen. Aber dieses Wildbret war ein Lieblingsgeschöpf der Göttin Artemis. Es hatte, obwohl Hindin, ein Geweih, und zwar aus purem Gold. Außerdem hatte Artemis das Tier mit ganz besonderer Schnelligkeit und Ausdauer begabt.

Herakles erwischte es aber doch. Er nahm einen Pfeil – keinen von den tödlichen, einen normalen – und brachte der Hirschkuh eine kleine vorübergehende Lähmung bei.

Nun wurde König Eurystheus langsam neugierig. Er wollte unbedingt wissen, wie sein Vetter es anstellte, sämtliche Abenteuer siegreich zu bestehen. Um ihm auf die vermuteten Schliche zu kommen, entschloß sich Eurystheus, an der nächsten Expedition höchstpersönlich teilzunehmen.

Diese vierte Arbeit bestand darin, einen ungeheuren Eber zu erlegen – oder, wenn möglich, lebendig sicherzustellen –, der die tiefen Schluchten des unwirtlichen Erymanthos-Gebirges zwischen Elis und Arkadien bewohnte.

Da Seine Majestät mit von der Partie waren, hatte sich die Jagdgesellschaft besonders üppig ausgerüstet. Köche und Mundschenken sorgten für das leibliche Wohl. Getränke und Nahrungsmittel wurden in Amphoren und Fässern mit in die Bergwildnis geschleppt.

Der Zug bog gerade um eine Felsnase – da stand plötzlich, wie aus dem Boden gewachsen, der berüchtigte Eber im Weg. Jeder sah sofort: Die Reklame hatte nicht übertrieben. Der Eber war so grauenvoll anzuschauen, daß

König Eurystheus sofort das Herz – und vielleicht noch einiges andere – in die Hosen fiel, und er schleunigst in ein leeres Faß kroch. Herakles aber jagte den Eber unerschrocken bergauf, bis das Untier im tiefen Schnee einbrach und nun leicht gefangen werden konnte.

Herakles hob ihn mit seinen Riesenkräften hoch, lud sich ihn auf die Schulter und hielt das fauchende und um sich schnappende Monster dem bedauernswerten Eurystheus vor die Nase, der gerade aus dem Faß krabbelte.

Über das, was weiter geschah, sind sich die Berichterstatter wieder einmal nicht einig. Die einen sagen, Herakles habe das Biest lebendig nach Mykene gebracht. Die anderen behaupten, davon sei kein Wort wahr. Vielmehr habe der Held ein großes Feuer entfacht, den Eber gebraten und ihn zusammen mit seinen Gefährten bis zur letzten Portion verspeist.

Nachdem Eurystheus glücklich heimgekehrt war und sich von seinem Schrecken einigermaßen erholt hatte, verordnete er dem Herakles die Arbeit Nummer fünf.

Diesmal eine Fleißaufgabe, statt eines lebensgefährlichen Abenteuers. Wobei der Heros allerdings – davon war der König fest überzeugt – total versagen würde. Noch nie war es jemand gelungen, den Stall des Augias auszumisten.

Dieser König von Elis – einer Landschaft im Westen des Peloponnes, am Jonischen Meer – hielt nichts von Hygiene. Dafür hielt er dreitausend Rinder. Und diese bedauernswerten Viecher mußten in einem Stall stehen, der nie gereinigt wurde.

Angesichts unserer modernen Tierschutzbestimmungen könnte sich das heutzutage nicht einmal ein König leisten, höchstens ein Diktator. Aber dann muß die Diktatur schon sehr fest verankert sein.

Jedenfalls – dieser Rinderstall war ein Saustall, und den sollte nun Herakles ganz allein an einem Tage reinigen.

Aber der Held hatte sich nicht umsonst mit Wiesendränage und Sumpftrockenlegung befaßt. Er leitete einfach die beiden Flüsse Alpheios und Peneios durch die Stallungen, und diese selbsttätige Wasserspülung wirkte Wunder. In einem einzigen Tag waren tatsächlich die ganzen Mistberge weggeschwemmt.

Nun hatte Herakles, der ja nicht ganz ohne Geschäftstüchtigkeit war, vorher vereinbart, Augias müsse ihm nach vollbrachter Säuberungsaktion einen Teil der Herde als Honorar geben.

Augias aber zeterte, Herakles habe seine kostbaren Stallungen in eine totale Naßzelle verwandelt – der ganze Laden sei nicht mehr zu gebrauchen –, da sei er ihm mitsamt dem Mist noch lieber gewesen; also kurz und schlecht: Der König wollte nicht zahlen.

Erbittert zog der Heros ab. Aber er hatte ein gutes Gedächtnis. Bei einem späteren Kriegszug eroberte er Elis und tötete den Augias zur Strafe.

Die nächste Arbeit war wieder mit Gefahr für Leib und Leben verbunden.

In Arkadien gab es den berüchtigten See von Stymphalos. Seine Ufer waren weithin so versumpft, daß sie als völlig unzugänglich galten. Leider nur für Menschen, nicht aber für eine Sorte äußerst gefährlicher Raubvögel, die um den See herum hausten und von hier aus ihre tödlichen Beutezüge machten.

Gegenwehr gegen diese Untiere war sehr schwierig, denn die Natur hatte sie mit Metallschnäbeln, Metallkrallen und spitzen Metallfedern ausgestattet. Was die Krallen einmal gepackt hatten, ließen sie nicht mehr los; mit den Schnäbeln konnten die Vögel Helme durchhacken und ihre spitzen Federn konnten sie wie Pfeile abschießen.

Weder Mensch noch Vieh war vor ihnen sicher. Und nun sollte ihnen also Herakles den Garaus machen. Das schafft der nie! – dachte König Eurystheus insgeheim und rieb sich bereits zufrieden die Hände.

Aber Herakles ging sehr umsichtig vor. Er hatte eine große Klapper mitgebracht – eine Konstruktion der pfiffigen Athene –, die ein geradezu infernalisches Geräusch machte. Damit scheuchte er die stymphalischen Vögel erst einmal auf. Als sie nervös über den Sümpfen kreisten, schoß er sie mit seinen nie fehlenden Todespfeilen einen nach dem anderen ab. Die Vögel selbst kamen mit ihren Federn überhaupt nicht zu Schuß.

Als siebente Arbeit dachte sich König Eurystheus folgende Heldentat aus: Meeresgott Poseidon ließ gerade die Insel Kreta durch einen fürchterlich wilden Stier verwüsten, angeblich weil König Minos vergessen hatte, die fälligen Opfer darzubringen. Herakles sollte das Biest fangen und es nach Argos schleppen.

Das alles gelang dem Herakles wider Erwarten, und was tat der verblendete Eurystheus? Er ließ den Stier in der Ebene von Marathon wieder frei.

Kollege Theseus mußte dann später einspringen und das Untier – wie wir gehört haben – seinem wohlverdienten Ende zuführen.

Arbeit Nummer acht war mit einer Reise nach Thrakien verbunden. Dort residierte ein Sohn des Kriegsgottes Ares namens Diomedes. Übrigens nicht verwandt oder verschwägert mit jenem Diomedes, der im Trojanischen Krieg auf seiten der Griechen kämpfte.

Der thrakische Diomedes hatte ein sehr bedenkliches Hobby. Er fütterte nämlich seine vier Lieblingspferde mit Menschenfleisch. Jeder Fremde, der arglos des Weges kam, wurde sofort zu Futter verarbeitet.

Dieses Schicksal war auch dem zu Besuch gekommenen Herakles zugedacht, aber der Heros drehte den Spieß um und warf den Diomedes selbst seinen eigenen Rössern zum Fraß vor. Nachdem es den vier Pferden gemundet hatte, fing Herakles sie ein und brachte sie heim zu König Eurystheus.

Und dieser Kerl ließ auch sie wieder frei, genau wie den Stier von Kreta.

Die neunte Arbeit war ein ganzer Kriegszug. Eurystheus wollte es nun endlich wissen. Dieser unheimliche Herakles konnte doch schließlich nicht sämtliche Abenteuer siegreich bestehen. So begann der König denn zu jammern, er habe keine ruhige Minute mehr, seine Tochter Admete wolle unbedingt den kostbaren Gürtel der Amazonenkönigin Hippolyte haben. Ausgerechnet den! Er war nämlich ein Geschenk des Kriegsgottes Ares, des Vaters der Hippolyte.

Und Ares war sowieso schon auf Herakles böse. Wegen der Verfütterung seines Sohnes Diomedes.

Diesmal also, dachte Eurystheus, wird der sieggewohnte Vetter wohl dran glauben müssen.

Herakles zog ungerührt mit seinem Expeditionskorps

nach Kleinasien ins Land der Amazonen, besiegte die Frauenarmee und raubte den Gürtel der Königin. Leider überlebte Hippolyte diese Gewaltmaßnahme nicht, wobei wieder die unvermeidliche Hera die Hand im Spiele hatte, aber Herakles war in dieser Hinsicht ziemlich abgebrüht. Für ihn war es nur wichtig, so schnell wie möglich die bewußten zwölf Arbeiten hinter sich zu bringen, um wieder frei zu sein.

Und die nächste Aufgabe – die zehnte – wartete schon.

Eurystheus schickte ihn gegen den berüchtigten Riesen Geryones. Dieser Geryones beherrschte die Insel Erytheia vor Spanien und war eine ausgesprochene Mißgeburt.

Er besaß drei, in der Hüfte zusammengewachsene Körper mit sechs Beinen und sechs Armen, dazu hatte er auch noch ein Paar Flügel.

Anzusehen war er also wirklich furchterregend. So ähnlich wie eine geflügelte Riesenspinne mit menschlichen Gliedmaßen. Auf seinen Weiden hielt er eine große Herde besonders wertvoller Rinder, und diese Rinder sollte Herakles dem König Eurystheus verschaffen.

Die ferne Insel zu erreichen, war gar nicht so einfach.

Aber Herakles verfiel auf ein Transportmittel, das todsicher pannenfrei war: Er lieh sich am hellen Tage den Becher, den Sonnengott Helios jeden Abend bestieg, um vom Westen nach dem Osten zu gondeln, wo er ja am nächsten Morgen rechtzeitig wieder in Erscheinung treten mußte.

Mit diesem »Sonnenbecher« erreichte Herakles einen reklameträchtigen Nebeneffekt. Er wurde nämlich dem Sonnengott selbst gleichgesetzt. Und da die beiden Felsformationen am westlichen Ausgang des Mittelmeeres – heute Gibraltar und Ceuta – von den seebefahrenen Phöniziern »Säulen des Sonnengottes« genannt wurden, so hießen sie eben fortan »Säulen des Herakles« und galten lange Zeit sozusagen als Ende der bewohnten Welt.

Der Sonnenbecher brachte Herakles sicher zur Insel Erytheia, und der Held hielt sich dort nicht lange auf. Mit einem einzigen seiner tödlichen Pfeile traf er den Riesen Geryones genau an der Stelle, an der seine drei Körper zusammengewachsen waren, und aus war's mit ihm.

Auch die berühmten Rinder brachte Herakles, wenn auch unter gewissen Transportschwierigkeiten, denn sie paßten nicht in den Sonnenbecher, schließlich nach Mykene, wo König Eurystheus zur Zeit residierte.

Der aber hatte, nach kargem Dank, schon wieder eine neue Arbeit für ihn. Er sollte die berühmten goldenen Äpfel aus dem Garten der Hesperiden holen. Das bedeutete, daß er sofort nach dem Fernen – und damals noch Wilden – Westen reisen mußte.

Da aber niemand genau wußte, wo diese Hesperiden – Töchter des Titanen Atlas und der Nyx – eigentlich ihren Wohnsitz hatten, verirrte sich Herakles zunächst und befand sich dann nach einigen Umleitungen plötzlich am Kaukasus.

Dort nahm er die Gelegenheit wahr, sozusagen im Vorbeigehen den angeketteten Prometheus zu befreien. Nun, von diesem Ereignis haben wir schon gehört.

Der Vorteil für Herakles bestand darin, daß ihm der entfesselte Prometheus aus Dankbarkeit einen wertvollen geographischen Hinweis gab.

Er solle sich an die Küste Libyens begeben. Dort würde er den Atlas treffen, dessen einzige Beschäftigung darin bestand, das Himmelsgewölbe auf seinen Schultern zu tragen. Atlas wisse, als Vater der Hesperiden, genau über deren Aufenthaltsort Bescheid.

So wanderte Herakles also von einem Titan zum anderen, und Atlas empfing ihn sehr freundlich, nachdem er die Grüße des Prometheus ausgerichtet hatte.

Kaum hatte Herakles seinen Wunsch vorgetragen, da war Atlas Feuer und Flamme und erbot sich sogar, selbst die geforderten Äpfel aus dem Hesperidengarten herbeizuholen. Seine eigenen Töchter würden ihm da ohne weiteres gefällig sein. Wenn nur Herakles so liebenswürdig wäre, in der Zwischenzeit das Himmelsgewölbe zu tragen. Stark genug dazu sei er ja – wie jedermann wisse.

Herakles, bei dem die Schärfe der Intelligenz vermutlich doch geringer zu veranschlagen war, als die Stärke der Muskulatur, willigte ein. Er bezog breitbeinig Stellung, ließ sich das Himmelsgewölbe auf die Schultern packen, stand da – und wartete ab. Atlas entschwand eilfertig, kam nach einer Weile wieder und wies tatsächlich ein Dreiersortiment der köstlichen goldenen Äpfel vor.

Aber nun hatte er sich an das freie Herumflanieren gewöhnt. Die Aussicht, wieder als lebende Säule das Himmelsgewölbe zu tragen, behagte ihm gar nicht. Es sei doch viel besser, meinte er, wenn er selber diese schönen Äpfelchen bei König Eurystheus in Mykene abliefere. Dann bekäme sie Seine Majestät doch aus erster – oder genauer aus zweiter – Hand. Herakles brauche bei diesem Transport überhaupt nicht mitzuwirken. Es genüge vollkommen, wenn er inzwischen den Himmel weiter stütze. Und man sehe ja, wie hervorragend er das mache.

Nun roch Herakles Lunte. Dauernd den Himmel tragen – wer will das schon.

Aber da hatte er einen seiner relativ seltenen Geistesblitze. Er sagte zu dem Titanen:

»Paß mal auf, Atlas – das ist alles okay, aber ich habe da meinen Schlafsack, den will ich mir schnell über die Schultern legen, dann drückt das nicht so; wenn du also noch eben mal für einen Moment den Himmel übernehmen könntest – ich bin gleich fertig – bitte schön!«

Und – bums! – hatte der überraschte Atlas schon wieder das ganze Gewölbe über sich, und während er verzweifelt schnaufte und nicht einmal eines saftigen Fluches mächtig war, entwich Herakles mitsamt den goldenen Äpfeln der Hesperiden.

Jetzt war natürlich Eurystheus völlig verzweifelt. Alle Aufgaben hatte dieser unheimliche Vetter bewältigt, und nur noch eine einzige Arbeit stand aus. Schaffte er die auch noch, dann war die Auflage des Orakels erfüllt – und der Gastarbeiter frei. Und wahrscheinlich schnob dann gewaltiger Zorn in ihm.

Da Haß – und die Zukunft der Menschheit wird es lehren – stärker ist als Liebe, befürchtete Eurystheus ernsthafte Gegenmaßnahmen des mißbrauchten Helden. So kam er auf die Idee, ihm eine Aufgabe zuzuteilen, die er nach seinem Dafürhalten nie und nimmer lösen konnte.

Er sollte in den Hades hinuntersteigen und den Höllenhund Kerberos an den sonnigen Tag bringen.

Eurystheus sagte das leichthin, so als ob im Mittelalter

ein Kardinal seinem Sekretär befohlen hätte: »Holen Sie mir heute nachmittag vor dem Angelusläuten mal den Teufel in mein Arbeitszimmer.« Aber Herakles zuckte nicht mit der Wimper. Er schlang sich die Löwenhaut um die Schultern, stieg unerschrocken in die Unterwelt hinab, überwand dort alle Mißlichkeiten, schnappte sich den wütend um sich beißenden Kerberos und zerrte ihn tatsächlich ans Tageslicht.

Als er mit dem schlangenhaarigen Monstrum im Palast von Mykene ankam, wollte sich Eurystheus, wie es seine Gewohnheit war, sofort wieder verkriechen. Aber es war kein leeres Faß in der Nähe.

Herakles hob den Kerberos hoch – die antiken Untiere müssen bei aller Furchtbarkeit recht handlich gewesen sein – und knallte ihn dem bibbernden Eurystheus vor die Füße. Sozusagen als Schlußpunkt unter die nunmehr abgelieferte Partie Akkordarbeit.

Ehe sich der König entschließen konnte, ihn bei der Hundesteuer anzumelden, versank der Kerberos – böse jaulend und mitten durch den Fußboden – wieder in der Unterwelt. Wenn man den antiken Berichterstattern glauben darf, so hatte Höllenherrscher Hades seine Abwesenheit noch gar nicht bemerkt.

Herakles aber reckte die muskelbepackten Arme, schüttelte seinen Bogen und schwang sein Löwenfell wie eine Fahne – denn er war nun frei. Die lästigen Auflagen des Orakelspruchs von Delphi waren erfüllt.

Aber der Heros war nun einmal in der Übung. Auch während seiner Dienstreisen hatte er so allerlei nebenbei erledigt.

So hatte er zum Beispiel, als er in Libyen unterwegs war, einen Ringkampf mit einem gewissen Antaios durchgefochten. Dieser Kerl – ein, wie er selbst glaubte, unbezwinglicher Riese – griff jeden an, der in seine Nähe kam.

Herakles nahm den Kampf als Einlage in sein Programm auf und schmetterte den Antaios nach ein paar Hüftschwüngen derart zu Boden, daß keiner auch nur einen Obolos auf sein Wiederaufstehen gewettet hätte.

Aber was geschah?

Antaios sprang kreuzfidel hoch und rang mit verstärkter Kraft weiter. Herakles warf ihn ein zweitesmal in den Sand, und wieder kam der Stehaufriese blitzartig hoch.

Als diese Schau zum drittenmal ablief, wurde Herakles stutzig. Plötzlich fiel ihm ein, daß dieser Antaios ein Sohn der Erde war und immer, wenn er auf seine Mutter stürzte, gab diese ihm neue Kraft.

Also packte ihn Herakles, hob ihn empor und erdrückte ihn in der freien Luft. Nach dieser Rekordleistung im Stoßen, Heben und Drücken war der Heros begreiflicherweise müde. Er ließ sich auf einen weichen Rasen sinken und schlief sofort ein.

Nun aber nahte sich das Volk der Pygmäen. Diese kleinen Leute hatten unter dem Schutz des Antaios gelebt und fühlten sich durch seinen Tod erheblich verunsichert. Gleichzeitig packte sie Zorn auf den schlafenden Herakles, von dem sie glaubten, er habe ihren Schutz- und Schirmherrn willkürlich ermordet.

Man überlegte, was man machen könne.

»Ersticken!« schlug ein besonders Zorniger vor. Also schleppte man massenhaft Erde herbei, um dem Übeltäter

Mund und Nase zu verstopfen. Aber Herakles schnarchte derart unverschämt, daß die Erde durch die Gegend flog und die kleinen Pygmäen hinterher.

Kriegsrat und nächster Vorschlag: Verbrennen!

Trockenes Holz wurde um den Heros geschichtet und angezündet. Diese Methode hatte den Erfolg, daß Herakles schließlich ein Kitzeln verspürte und sich interessiert aufrichtete. Im selben Augenblick kamen die schlimmsten Feinde der Pygmäen – die Kraniche – im Tiefflug angebraust.

Sofort nahm Herakles Bogen und Pfeile zur Hand und schoß so viele der angreifenden Vögel ab, daß der Rest kehrtmachte und sich nie wieder blicken ließ.

Dann erklärte er sich dem kleinen Pygmäenkönig gegenüber, der ihn heldenmütig zum Kampf herausforderte, für besiegt, und damit war der Fall Antaios erledigt. Die Sache endete in einem Festbankett, bei dem Herakles ganze Wagenladungen von Pygmäen-Delikatessen vertilgte.

Die Zeit verging. Sogar Heroen altern, werden weise und denken ans Heiraten. Obwohl das nicht immer der Weisheit letzter Schluß ist. Oder bleibt.

Herakles jedenfalls vermählte sich mit der schönen Königstochter Deïaneira und begab sich mit ihr etwas plötzlich – er hatte aus Versehen einen Angestellten seines Schwiegervaters mittels einer Ohrfeige in die Unterwelt befördert – auf die Hochzeitsreise.

Bald kamen sie an einen Fluß. Dort fand der Kentaur Nessos ein bescheidenes Auskommen als Fährmann. Er nahm Reisende auf seinen breiten Pferderücken und trabte mit ihnen ans andere Ufer.

Herakles lehnte das stolz ab. Doch Deïaneira war wasserscheu und wollte reiten. Herakles zahlte und betrachtete das Unternehmen argwöhnisch. Und richtig! Als der Kentaur Nessos mitten im Fluß war, ging ihm sozusagen der eigene Gaul durch, und er attackierte die junge Frau auf die unsittlichste Weise.

Herakles wurde wütend. Er riß einen seiner giftigen Pfeile aus dem Köcher, schoß – und traf den Kentauren mitten in den Pferdeleib.

Nun gehörte dieser Nessos zu der gebildeten Sorte der Pferdemenschen. Er kannte Zusammensetzung und Wirkungsweise dieses Spezialgiftes und wußte, daß er keine Überlebenschance mehr hatte. Aber er wollte sich wenigstens an Herakles rächen.

Also sagte er zu Deïaneira:

»Wenn dein Mann dir jemals untreu wird – und glaub einem alten Kentauren, alle Männer werden untreu –, dann weiß ich ein sicheres Mittel, das ihn zu dir zurückbringt: mein Blut. Fang mein Blut in deiner Reiseflasche auf und verwahre es. Du wirst es noch brauchen.«

»Ist das Mittel denn auch wirklich sicher?« fragte Deïaneira.

»Todsicher«, sagte Nessos und starb.

Deïaneira fing nach dem Motto »Man kann nie wissen« sein Blut auf, und da kam Herakles schon herangeschwommen und rettete sie ans Ufer.

Zunächst lebte das Paar in voller Harmonie in Trachis am Oitagebirge. Dann packte den Herakles die alte Abenteuerlust, und er folgte der Einladung eines bewährten Sportkameraden namens Iphitos zu einem Wettkampf mit

Pfeil und Bogen, den des Iphitos Vater – der König Eurytos – veranstaltete.

Der Preis für den Sieger war Iole, die schöne Tochter des Königs. Herakles kam, sah Iole, verliebte sich in sie – und siegte. Und was geschah? Der wortbrüchige Eurytos gab ihm seine Tochter nicht.

Herakles bekam daraufhin wieder einen seiner Wahnsinnsanfälle und warf, um sich an Eurytos zu rächen, dessen Sohn Iphitos in Tiryns von der Stadtmauer. Kaum war der Sportkamerad zerschmettert, wurde Herakles wieder normal, sah, was er angerichtet hatte, und bereute die Wahnsinnstat tief.

Um sie zu sühnen, befragte er eines der damals so zahlreichen Orakel und erfuhr, er müsse sofort Dienste bei Königin Omphale von Lydien nehmen, und zwar ein ganzes Jahr lang.

Und während dieses Jahres müsse er jede Arbeit tun, die man von ihm verlange.

Und schon wieder hatten die Maler bis in unsere Tage hinein ein köstliches Motiv. Denn was tat diese exzentrische Omphale?

Sie nahm Herakles sein berühmtes Löwenfell und die furchterregende Keule ab, um damit die Heldin zu spielen, und den Heros selbst setzte sie zum Spinnen in die Ecke.

Außer mit der Spindel mußte er auch noch mit sämtlichen anderen Gerätschaften umgehen, die ein perfektes antikes Dienstmädchen zu handhaben hatte. Man sieht: Der dressierte Mann ist keineswegs eine neue Erfindung.

Nach einem Jahr – andere Schriftsteller meinen: nach drei Jahren – war die Sklaverei ausgestanden.

Aber Herakles muß ein eigenartiges Verhältnis zu Schuld und Sühne gehabt haben. Denn was machte er? Er tötete den König Eurytos samt seinen verbliebenen Söhnen und holte sich die ihm zugesprochene Iole.

Und jetzt beging er den entscheidenden Fehler. Er schickte die schöne Königstochter nebst der anderen Beute voraus nach Trachis.

Dort witterte Deïaneira sofort Unrat. Ihr Herakles schien auf Abwegen zu wandeln. Und nun besann sie sich auf die Worte des sterbenden Kentauren Nessos.

Sie kramte die alte Reiseflasche mit seinem Blut hervor und bepinselte damit die ganze Innenseite eines schönen neuen Festtagskleides.

Dieses Spezialmodell schickte sie per Eilboten auf die Insel Euböa, wo ihr heimkehrender Gatte Station gemacht hatte, um dem Zeus zu opfern.

Herakles zog hocherfreut das Staatsgewand zu der feierlichen Handlung an, aber kaum hatte er es am Körper, da begann sein altes Pfeilgift im Nessosblut zu wirken. Das »Nessoshemd« – Nessushemd sagen die Lateiner – brannte sich in seine Haut, war nicht mehr abzustreifen und bereitete ihm unerträgliche Schmerzen. Nur mit Mühe kam der Held noch nach Hause, nach Trachis. Deïaneira sah, was sie angerichtet hatte, und beging sofort Selbstmord.

Herakles ließ sich auf den Berg Oita bringen, einen Holzstoß errichten und sich darauf betten.

Nun sollte einer der herumstehenden Freunde den Scheiterhaufen mit einer Fackel entzünden, um den qualvollen Todeskampf abzukürzen. Aber keiner konnte sich dazu entschließen. Schließlich tat es ein gerade vorbeikommender Reisender gegen das Versprechen, dafür den berühmten Bogen und die tödlichen Pfeile zu erhalten.

In Flammen und Rauch stieg alsbald Herakles zum Olymp empor, wurde dort von seinem Vater Zeus vom Heros zum Gott befördert und bekam als irdischer Witwer eine himmlische Gattin – Hebe, die Göttin der ewigen Jugend.

An der Göttertafel schenkt sie ihm fortan den Nektar ein. Und wenn sie nicht gestorben sind – aber halt, sterben können sie ja als Götter sowieso nicht.

Rom

I. Forum Romanum

Begeben wir uns nun auf den berühmtesten Platz der antiken Welt – Times Square, Piccadilly Circus und Roter Platz in einem –, auf das Forum Romanum.

Es zu finden, fiele auch dem Ortsfremden nicht schwer, denn jeder Römer spazierte wenigstens einmal am Tage dorthin, um den Volksversammlungen beizuwohnen, die bedeutendsten Parteiredner zu genießen und den öffentlichen Gerichtsverhandlungen zu lauschen. Ein Tourist brauchte also den Scharen der Einheimischen nur nachzuwandeln. Interessante Unterhaltung war ihm dann auf jeden Fall sicher.

Bekanntlich hatten die alten Römer die meisten ihrer Götter von den alten Griechen übernommen, oder ihre eigenen mit denen jener verschmolzen – ein sehr nützliches Verfahren, das einem praktisch denkenden Volk viel religiösen Aufwand erspart. Aber es waren trotzdem noch einige himmlische Persönlichkeiten übriggeblieben, die sozusagen eine eigene römische Filiale der Multifirma Götter GmbH. & Co. KG. bildeten.

Eine der prominentesten ist natürlich Romulus. Wir haben schon von ihm gehört. Er und sein Bruder Remus waren Söhne des Kriegsgottes Mars und der Vestalin Rea

Silvia. Sie wurden im Tiber ausgesetzt, aber ein Feigenbaum fing sie glücklicherweise kurz vor dem Ertrinken in der gerade herrschenden Überschwemmung auf. Eine leibhaftige Wölfin nahm sich ihrer an und säugte sie.

Jeder denkt jetzt sofort an das berühmte Bronzebildwerk der »Kapitolinischen Wölfin«, dem Wahrzeichen der Ewigen Stadt, das nach Cicero einst vom Blitz getroffen wurde, ohne zu wanken. Nur die Statuette des kleinen Romulus soll dabei zerschmolzen sein.

Die Wölfin ist übrigens eine etruskische Arbeit, die Figuren der beiden Brüder wurden im fünfzehnten Jahrhundert ergänzt.

Lange blieben die Knäblein nicht bei dem Muttertier. Der Hirte Faustulus fand sie eines Tages und zog sie mit Hilfe seiner Frau auf. Kaum erwachsen, erwiesen sich die Zwillinge als recht ungebärdig. Bald galten sie als gefürchtete Schläger und Räuber.

Aber sie ehrten wenigstens die Familienbande. Ihrem Großvater mütterlicherseits – Numitor –, den sein eigener Bruder Amulius abgesetzt hatte, gaben sie den Königsthron von Alba Longa zurück. Schließlich hielten sie sogar ihre Rockergefährten zu nützlicher Arbeit an. Es sollte nämlich auf einem der Hügel am Tiber eine Stadt gebaut werden.

Leider waren sich die Zwillinge nicht einig. Remus wollte unbedingt auf den Aventin – Romulus auf den Palatin. Beide hockten auf ihren Hügeln und beschimpften sich gegenseitig.

Schließlich setzten ihre Gefährten durch, daß das Vogelflugorakel entscheiden sollte.

Anscheinend müssen die Vögel jener Zeit irgendeinen überirdischen Geheimvertrag gehabt haben, denn alsbald erschienen sechs ausgewachsene Geier und flogen über den aufjauchzenden Remus hinweg.

Er wollte auf dem Aventin schon zu buddeln anfangen – da kreisten auf einmal zwölf noch größere Geier über dem Palatin. Damit hatte also Romulus gewonnen, und Remus mußte zähneknirschend zusehen, wie sein Zwillingsbruder mit dem Pflug die »Heilige Furche« für die zukünftige quadratische Stadt, die »urbs quadrata« auf seinem Hügel zog.

Die Furche sollte die Stadtmauer symbolisieren, und, um zu zeigen, daß ihm das schnurz und piepe war, sprang Remus verächtlich darüber hinweg, ohne daran zu denken, daß er damit den heiligen Frieden des neuen Stadtbezirkes verletzte.

Das brachte den Romulus derartig in Zorn, daß er den nächstbesten stumpfen Gegenstand ergriff und seinen Zwillingsbruder damit erschlug.

So war er schlagartig Alleinherrscher, und die neue Stadt wurde nach ihm »Rom« genannt.

Um nun seine Neugründung mit wehrfähigen Männern zu bevölkern – seine eigenen Gefolgsleute reichten nicht aus –, nützte er das auch damals schon vorhandene Flüchtlingsproblem. Jedem, der irgendwo vertrieben oder verfolgt war, gab er auf oder vor dem Palatinhügel Unterkunft und Verpflegung. Schließlich hatte er so ungefähr dreieinhalbtausend Mann zur Verfügung.

Die konnten die junge Stadt Rom schon verteidigen. Nur fortpflanzen konnten sie sich nicht, denn es gab keine

Frauen. Also, die mußten her! Nicht nur aus Nachwuchsgründen.

Nichts kann einen wehrpflichtigen Soldaten mehr deprimieren als die totale Abwesenheit von weiblichem Sex.

Da hatte Romulus eine Idee. Er veranstaltete ein großes Sportfest und lud dazu die Umwohner herzlich ein. Für Damen war der Eintritt frei.

Die Nachbarn – vor allem die Sabiner – kamen in großen Scharen und brachten ihre Frauen und Töchter mit. Denn fast nichts auf der Welt lockt die Menschen so sehr wie freier Eintritt. Ganz gleich, was geboten wird.

In diesem Fall wurde eine Überraschung geboten. Denn während eines sportlichen Höhepunktes schnappten sich die Römer auf einmal die Sabinerinnen und entführten sie flugs auf den Palatinhügel.

Die männlichen Sabiner eilten nach Hause, bereiteten, so schnell es ging, einen Kriegszug vor und kehrten dann wutschnaubend zurück.

Es wurde eine mörderische Schlacht, und die Römer waren bereits eindeutig auf der Verliererstraße, da warfen sich plötzlich die Sabinerinnen dazwischen.

Diese weibliche Heldentat verhinderte weiteres Blutvergießen, und gibt auch in anderer Hinsicht zu denken. Offenbar boten die jungen Römer ein frischeres Liebesleben als die traditionsbewußten Sabiner. Und die Sabinerinnen waren ganz augenscheinlich willens, dafür sogar den Zustand des Geraubtseins in Kauf zu nehmen.

Möge dem gewesen sein wie auch immer, die Haupt- und Staatsaktion »Der Raub der Sabinerinnen« wurde jedenfalls abgeschlossen, und die beiden Völker vereinigten sich

unter dem neuen Gesamtnamen Quiriten zu einer Stadt-
gemeinschaft.

Das Ende des Romulus war hochdramatisch. Er nahm
gerade auf dem Marsfeld eine große Truppenparade ab,
als sich der Himmel plötzlich verfinsterte und ein fürchterliches Gewitter losbrach. Außer Blitzen war nichts mehr zu
sehen. Als sich das Unwetter endlich verzogen hatte, war
König Romulus unauffindbar. Während alle nach ihm
suchten, kamen Bürger von einem der sieben Hügel her-
untergestürzt und berichteten, Romulus sei in einer Wolke
zu den Göttern entrückt worden. Während seines Auf-
stiegs habe er ihnen noch zugerufen, Rom sei zur Weltherrschaft bestimmt, und die Anweisung gegeben, man
möge ihm unverzüglich einen Tempel bauen, denn ab sofort sei er der Gott Quirinus.

Die Römer gehorchten ehrfürchtig und setzten den Tempel auf den bewußten Hügel, der bis heute nach dem neuen
Gott »Quirinal« heißt.

So wie es im Leben des Romulus-Quirinus nicht immer glatt ging, als er noch ein Sterblicher war, so hat man heute auch im Quirinalspalast auf dem Quirinalshügel immer wieder seine Schwierigkeiten.

In Rom zu herrschen ist eben nicht leicht.

II. Echte Götter
(Auf die falschen kommen wir noch!)

Wenn es in der Silvesternacht zwölf Uhr schlägt, und die obligaten Sektgläser klingen, dann stößt unsichtbar der altitalische Gott Janus mit an, denn jetzt beginnt sein Monat – der Januar –, der römische Januarius.

Er war eben der Gott des Anfangs, und bei jeder Opferhandlung wurde zuerst sein Name genannt.

Er war aber auch der Gott der Aus- und Eingänge, der Haustür zum Beispiel, die auf lateinisch »janua« hieß. Um hier ganz sicherzugehen, hatte er sich mit einer gewissen Cardea verheiratet, einer hochspezialisierten Göttin, der die Türangeln unterstanden. Janus kümmerte sich auch um die »Jani«, die Straßendurchgänge, und ganz allgemein um Anfang und Ende.

Die Römer setzten ihn daher mit dem Beginn aller Kultur gleich, die ja zugegebenermaßen einen Anfang gehabt haben muß und nach dieser Ansicht unweigerlich auch ein Ende haben wird. Ein Umstand, der den Feuilletonisten der letzten Stunde Aussichten auf Zeilengeld in astronomischer Höhe eröffnet. Falls die Kulturträger noch dazu kommen, es anzuweisen.

Weil der göttliche Janus gleichzeitig in die Vergangenheit und in die Zukunft blicken konnte, wurde er doppelköpfig dargestellt. Seine seherische Fertigkeit hätte ihn zum Parteivorsitzenden prädestiniert. Allerdings nur für Parteien, die nicht nur viel Vergangenheit, sondern möglichst auch noch etwas Zukunft haben. Die alten Römer – die uralten, muß man in diesem Fall sagen – bauten ihm auf dem Forum einen originellen Tempel in Form eines doppelten Torbogens, den Tempel des Janus Quirinus. Nur im Frieden waren diese Tore geschlossen. Im Kriege standen sie offen. Vermutlich als Mahnung dafür, daß in jedem Kriege der Ausgang immer offen ist. Von den siegreichen Römern kann man viel lernen.

Erbaut hatte den Tempel der zweite König in der Geschichte Roms, Numa Pompilius, der sich angeblich geheime Ratschläge bei der Nymphe Egeria holte.

Die späteren Herrscher verzichteten offenbar auf solch weise Beratung, denn zwischen den Tagen des Numa Pompilius und der Regierungszeit des Kaisers Augustus sollen die Tore des Janus-Tempels nur ein einzigesmal geschlossen gewesen sein. Rom führte also ständig irgendwo Krieg.

Den doppelköpfigen Gott kann man heute noch als Pfeiler an der kleinen Brücke des Konsuls Fabricius sehen, die zur Tiberinsel hinüberführt. Auch der vierseitige Bogen des Janus Quadrifrons, unter dem bei Dauerregen die Händler des Viehmarktes Schutz suchten, ist ihm geweiht. Wer bei Wolkenbruch ohne Regenschirm dort vorbeikommt, wird dem umsichtigen Gott heute noch dankbar sein.

Auch die Stadt Rom selbst wurde zur Göttin erhoben.

Eine Ehre, die später nicht einmal so weltbeherrschenden Metropolen wie Moskau oder Washington mehr widerfahren ist.

Die Dea Roma – die Göttin Rom – teilte ihren imposanten Tempel allerdings mit einer anderen göttlichen Persönlichkeit, und obwohl der ziemlich militante Staat doch ein riesiges Imperium unterhielt, in dem überall die Legionen herumstampften, gab man der Göttin Roma nicht etwa den kriegerischen Mars in Untermiete, sondern die liebliche Venus.

Aber das hatte natürlich seinen Grund. Venus war ja die Mutter des Äneas, der einst von Troja nach Italien gekommen war und dessen Sohn Ascanius in Latium die Stadt Alba Longa gegründet hatte, die Vorläuferin Roms. So fand man also die anmutige Lösung, den staatspolitisch wichtigen Tempel der Venus und der Roma zugleich zu weihen. Damit nur ja die Venus nicht eifersüchtig wurde.

Zu den sogenannten »Di indigetes« – den eingeborenen Göttern – gehörte die Dea Roma nicht. Der bewußte Tempel wurde erst von Kaiser Hadrian gestiftet und im Jahre 135 geweiht.

Aber beispielsweise der Erntegott Consus gehörte zu diesen ältesten Gottheiten. Er wurde auch der »Verborgene« genannt, weil sein Heiligtum unterirdisch angelegt war und nur nach Beendigung der Aussaat und der Ernte geöffnet wurde.

Auch Portunus war schon früh mit dabei. Zuerst als Konkurrent des Janus als Hüter der Türschwellen, aber dann einigten sich die beiden hohen Herren, und Portunus übernahm die Häfen – die nassen Schwellen sozusagen.

Der Tiber muß früher ein wesentlich temperamentvoller Fluß als heutzutage gewesen sein, denn der für ihn zuständige Gott hieß Volturnus, also »Wälzer«. So hießen auch noch andere Flußgottheiten, und der Name lebt noch im Volturno in Süditalien fort.

Eine besonders anmutige Göttin war Flora – die zarte Beschützerin aller Blumen, deren Name in viele moderne Sprachen eingegangen ist. In jedem Frühling wurden ihr zu Ehren recht muntere Feste veranstaltet, die Floralia, bei denen allerlei Freisinniges vorfiel, denn Flora war nicht nur für das Aufblühen der Pflanzen verantwortlich, sondern auch für das der jungen Mädchen.

Für die Tiere hatten die alten Römer den Waldgott Faunus, und das ist noch heute für den Wissenschaftler sehr praktisch, weil er dann die Pflanzen- und Tierwelt eines Landes einfach als »Flora und Fauna« bezeichnen kann. Und fast alles was praktisch ist, hält sich.

Die Blumen der Flora wurden übrigens zu Ehren des Quellengottes Fons in dessen Gewässer gestreut, wenn er sein eigenes Fest – die Fontinalien – feierte. Fons, der auch Fontus genannt wurde, war ein Sohn des berühmten Janus und hatte seine Weihestätte folgerichtig auf dem Janiculum-Hügel. Obwohl es natürlich auch hier wieder andere antike Schriftsteller gibt, die diesen Zusammenhang bestreiten. Aber was wird nicht bestritten in dieser Welt.

Unstreitig war die Position des Gottes Terminus eine der wichtigsten, denn er war der Gott der Grenzsteine und sonstiger besitzanzeigender Markierungen. Wie wir schon im Falle Romulus gesehen haben, war die Grenzziehung – das Brechen der heiligen Furche – eine sakrale Handlung.

Also brauchte man dafür eine göttliche Oberaufsicht. Moderne Bodenspekulanten sollten sich allerdings auf diesen uralten Brauch nicht berufen.

Klar, daß auch der Terminus sein eigenes Fest hatte. Wie hieß es? Terminalien selbstverständlich. An diesem Tag – es war der 23. Februar – schmückten die Nachbarn ihre gemeinsamen Grenzsteine und veranstalteten um sie herum ein opulentes Picknick.

Heute lebt Gott Terminus als Bewacher vieler Bahnhöfe fort, die nach ihm heißen. Auch bei den Termingeschäften hat er die Hand im Spiel. Und die Terminologie ist sozusagen seine Geheimsprache.

Übrigens – gab ich vorhin dem Picknick das Prädikat »opulent«? Richtig! Und das erinnert an die Göttin Ops.

Die Ops dachte man sich ursprünglich mit dem verborgenen Consus verbandelt. Sie war die Göttin des Erntesegens, später ganz allgemein die Personifikation der reichen Fülle. Wem Ops gewogen war – und gewogen blieb –, der hatte ausgesorgt.

Dreimal dürfen Sie raten, wie ihr Fest hieß. Opalien! Dachten wir es uns doch.

Es gab in jener ältesten Zeit noch keine Götterbilder, anhand derer man sich über Wesen und Aussehen der hohen Herrschaften hätte orientieren können. Die Götter waren eben Symbole der Naturgewalten, und zwar der nützlichen, praktischen wie Wachstum, Gedeihen, Wasserkraft und so weiter.

Der doppelköpfige Janus ist da eine Ausnahme. Er kommt schon auf den ältesten römischen Münzen vor.

Die segensreiche Ops galt später als Gattin des Saturnus,

der dem griechischen Kronos gleichzusetzen ist, von dem wir schon oft gehört haben.

Dieser Saturn spielte eine um so größere und interessantere Rolle, je mehr die junge Stadt Rom heranwuchs. Janus hatte ihn zuerst aufgenommen, als er als Flüchtling über das Mittelmeer kam. Er machte sich nicht nur ansässig, sondern auch nützlich, denn er brachte den Römern den Ackerbau bei. Darauf deutet sein lateinischer Name hin, denn Saturnus steht in sprachlicher Beziehung zu »Satum« – das Ausgesäte. Vielleicht hat der Name schlicht »Sämann« bedeuten sollen.

Saturnus muß wie ein König geherrscht haben. Seine Tage, so glaubte man, seien die des goldenen Zeitalters gewesen. Schon sehr früh errichteten ihm die Römer eine Weihestätte, und im Jahre 497 vor Christus eröffneten sie für ihn einen prächtigen Tempel am Fuße des Kapitolhügels. Das Bauwerk wurde mehrfach erneuert, brannte auch ein paarmal ab, erstand aber immer wieder. Noch heute sind acht große, schöne Säulen übrig.

Der Tempel des Saturnus diente aber nebenbei auch noch einem höchst irdischen Zweck. Er war die Zentralbank Roms. Hier nämlich – in einem mit allen damaligen Mitteln gesicherten Keller – lagerte die Staatskasse, auch Aerarium Saturni genannt, vermutlich der größte Haufen Geld, den es in der antiken Welt gab. Der Keller ist noch da – das Geld nicht mehr.

Besonders berühmt und beliebt war das Dezemberfest zu Ehren des Gottes – die Saturnalien –, eine Veranstaltung, die mehrere Tage dauerte und die an das goldene Zeitalter unter Saturnus erinnern sollte.

Und weil es im goldenen Zeitalter – als alle Menschen unbeschwert dahinlebten – noch keine Sklaven gegeben hatte, so spielte man in dieser Festwoche ab dem 17. Dezember zu Hause verkehrte Welt. Die Sklaven, die es inzwischen gab, saßen bei den Mahlzeiten auf den Ehrenplätzen, rührten die Finger nur zum Essen und Becherheben und wurden von ihren Herren mit der größten Zuvorkommenheit bedient.

Selbst wenn heutzutage ein leibhaftiger Generaldirektor in seiner Werkskantine eigenhändig das Essen an seine Gastarbeiter ausgeben würde, wäre es noch kein Vergleich.

Der Staat ließ sich auch nicht lumpen. Er finanzierte ein öffentliches Festmahl vor dem Saturn-Tempel mit der Ankündigung, jeder dürfe kostenlos soviel essen, wie er wolle und könne.

Die Gerichte machten Pause, die Schulen schlossen, die Soldaten hatten Urlaub bis zum Wecken; sogar die sonst so geplagten Sklaven bekamen bis zu fünf freie Tage.

Und sogar das, was das ganze Jahr über streng verboten war – nämlich Würfelspiel mit Geldeinsatz – konnte man sich während der Saturnalien leisten. Allerdings nur im eigenen Heim.

Gelegentlich maskierte man sich auch, und es kam dann zu ausgelassenen Umzügen, in denen man, wenn man will, die Vorläufer unserer heutigen Karnevals- und Faschingszüge erblicken kann.

Später fanden auch Spielzeug- und Souveniermärkte statt, auf denen man allerlei nutzlosen, aber hübschen Krimskrams kaufen konnte. Die kleinen Präsente, die er dort erwarb, bezeichnete der gebildete Römer, der ja in späterer Zeit mit Vorliebe Griechisch sprach, mit einem griechischen Fremdwort als »Xenia« – als Gastgeschenke. Oft waren diese Geschenkchen von einem artig gedichteten Zweizeiler begleitet, der dann denselben Namen führte.

In sarkastischer Weise – und in Anlehnung an die berühmten Epigramme des Marcus Valerius Martialis – nannten auch Goethe und Schiller ihre spottlustigen Zweizeiler »Xenien«.

Für die Kinder gab es auf den Märkten kleine Figuren aus Ton, die sogenannten Sigillaria. Eine lateinische Wortprägung, denn welches römische Normalkind sprach damals schon Griechisch. Die Erwachsenen schenkten einander außer den Xenien auch noch Kerzen und natürlich jede Menge an guten Ratschlägen und Wünschen.

Den ganzen Trubel beherrschte ein eigens zu Ehren des Gottes gewählter »Saturnalicius princeps« – der »Saturnalienprinz« –, ein begehrter, weil publicityträchtiger Posten. Eine Saturnalienprinzessin hatte der Prinz leider nicht zur Seite. Sie hätte ihm vielleicht die Spielregeln durcheinander gebracht. Jedenfalls feierte das ganze römische Volk und erinnerte sich mehr oder weniger wehmütig an das entschwundene goldene Zeitalter des leibhaftig auf Erden wandelnden Saturn.

Bei solchen und allen möglichen anderen Gelegenheiten wurde regelmäßig die Zukunft befragt. Die alten Römer waren ungeheuer abergläubisch, wie wir schon im Fall Romulus und Remus bemerkt haben.

Unsere heutigen Handleser, Kartenschläger und Kaffeesatzbeschauerinnen sind nichts dagegen.

Alle diese Wahrsager hätten den Römern nur ein mit-

leidiges Grinsen entlockt. Für sie waren alle jene, die den Willen der Götter aus den verschiedensten Vorzeichen zu deuten verstanden, Priester, und als solche mit größter Hochachtung und Ehrfurcht zu behandeln. Wie alle Wissenschaftler hatten sich auch diese Herren spezialisiert.

Da gab es beispielsweise den Haruspex, der sich auf dem u betonte. Dieser Priester war Fachmann für die Eingeweide der Opfertiere. Und zwar im besonderen für Leber, Lunge, Milz und Herz, die er so lange anstarrte, bis er aus ihrer Lage und eventuellen krankhaften Veränderungen den Willen der Götter erkannt hatte.

Zu den prominenten Kollegen dieses Kenners gehörten die Auguren, die aus dem Benehmen der Vögel auf die Zukunft schlossen. Dieses Federvieh wurde in einem abgegrenzten Gelände – meist im Tempelbezirk – gehalten. Der Augur konnte aber auch mit seinem »Lituus« – seinem Augurenstab – am Himmel oder auf festem Grund einen beliebigen rechteckigen Bezirk abzeichnen und dann das beobachten, was da zufällig hineinflog oder -watschelte. Auch Blitz und Donner oder Sternschnuppen ließ er nicht außer acht.

Besonders wichtig für die Weissagung waren die heiligen Hühner bei den Tempeln. Der Augur warf ihnen Futter vor und postierte sich dann wachsam in der Nähe. Fraßen die Hühner lustig und flink darauflos, dann war das eine gute Vorbedeutung.

Da jedes Anzeichen wichtig war, wird der Augur sicher einen gewissen Unwillen der Götter erkannt haben, wenn ein Vogel im Beobachtungsgebiet etwas auf ihn fallen ließ. So etwas ließ nichts Gutes ahnen. Vielleicht ist wegen eines solchen Vogelhäufchens schon einmal ein Kriegszug abgebrochen oder eine Weihehandlung verschoben worden.

Außer den Haruspices und Auguren waren noch die Pontifices am Werk. Ein »Pontifex« ist wörtlich ein »Brückenbauer«. Ursprünglich hatten die Pontifices die älteste Brücke über den Tiberfluß, den Pons sublicius, zu bewachen und zu reparieren. Das war ihnen vermutlich lästig. Wie so viele Beamte strebten sie nach Höherem. Schließlich schafften sie den großen Sprung und wurden als Priester anerkannt. Ihre alte Berufsbezeichnung behielten sie bei und nannten ihren Oberpriester »Pontifex maximus« – den »Obersten Brückenbauer«.

Sie wachten streng und unermüdlich darüber, daß alle Götterfeste und -dienste pünktlichst eingehalten wurden. Denn es war nicht auszudenken, was passiert wäre, hätte sich irgendein Gott durch das Ausbleiben seines gewohnten Opfers beleidigt gefühlt. Vorsichtshalber wurde daher auch zu manchen Zeiten dem sogenannten »Unbekannten

Gott« geopfert. Für den Fall, daß man einen vergessen hatte. Denn die Firma Götter GmbH. & Co. KG. war ja höchst unübersichtlich verzweigt. Die Pontifices waren daher ständig auf unerwartete Anzeichen plötzlicher göttlicher Zornausbrüche gefaßt und wurden eiligst gerufen, wenn beispielsweise irgendwo siamesische Zwillinge geboren wurden oder ein Kalb mit zwei Köpfen. Dann sah die nahe Zukunft jedesmal bedrohlich aus.

Nun gab es natürlich, wie in jeder Gesellschaft, so auch in der altrömischen, unverbesserliche Ungläubige, die von der ganzen Sache nichts hielten. Zu denen gehörte der streitbare Cato, der einmal sagte, wenn sich zwei Haruspices begegneten, dann verstünde er nicht, wie sie das Lachen verbeißen könnten angesichts des Brimboriums, das sie aufführten.

Das gleiche galt für die Auguren, und das »Augurenlächeln« ist in unsere Sprache eingegangen. Als Bezeichnung des Gesichtsausdruckes von zwei Leuten, die feierlichen Blödsinn veranstalten und voneinander wissen, daß sie es tun. Infolgedessen kommt das Augurenlächeln in fast allen Bezirken von Politik, Kunst und Wirtschaft – und auch anderswo – vor.

Viel sympathischer als diese aufgeblasenen Eingeweide- und Vogelfraßbetrachter waren die römischen Hausgötter. In erster Linie die Penaten. Sie hielten sich im Inneren des Hauses, in der Speisekammer – lateinisch »Penus« genannt – auf und wurden am häuslichen Herd verehrt. Dort standen ihre Götterstatuetten, und wenn sich die Familie zum Essen begab, dann wurde auch den Penaten auf winzigen Schüsselchen jedesmal eine Extraportion ser-

viert. Genauso wie den Laren, den Geistern der dahingeschiedenen Familienmitglieder.

Die Römer glaubten an die Unsterblichkeit der Seele.
Die Laren blieben immer dem Hause verbunden; an allem
was geschah, nahmen sie stummen Anteil, jedes lebende
Familienmitglied trug ihnen gegenüber Verantwortung.
Ihre Bilder aus Ton oder Bronze standen im Lararium,
einem kostbaren Schrank, der wie ein Altar behandelt
wurde, und von jedem frisch angebrochenen Wein gehörte
ihnen der erste Schluck als Trankopfer.

Wenn man auch über die Toten nichts – wenn nichts
Gutes – sagen soll, so weiß doch jeder Mensch mit zahlreicher Familie, daß es unter den jeweiligen Vorfahren
auch sogenannte schwarze Schafe gegeben hat. Was geschah
nun mit den Geistern boshafter Ahnen?

Die alten Römer hatten da zunächst eine sehr zweck-
mäßige Einteilung. Aus den guten Seelen wurden die Laren
und aus den bösen die Manen. Unter den Manen verstand
man ganz früher schlechthin alle Geister der Unterwelt.
Dann erinnerte man sich an ihre Großmutter, die Göttin
Mania, von der allerlei schreckhafte Wirkungen ausgingen, und bezeichnete nun mit »Manen« die mehr oder
weniger angsterregenden Seelen Verstorbener. Man gab
ihnen zwar ihre Rüstung, ihre Sklaven, sogar ihre besonders geschätzten Haustiere mit ins Grab, aber man war
froh, daß sie unter der Erde leben mußten. Nur dreimal im
Jahr wurde der »Mundus« geöffnet – ein tiefer Schacht
auf dem Forum, mit einer Steinplatte abgedeckt. Dann
stiegen die Manen des Nachts empor und trieben ihr heim-
liches Wesen in der Stadt.

Später aber kam diese praktische Einteilung wieder durcheinander, und die Manen wurden – ebenso wie die Laren – zu guten Geistern, die man liebte und denen man Opfer brachte.

Die Rolle der bösen Geister spielten fortan die Lemuren – oder Larven, wie sie auch hießen –, die sich zu regelrechten Gespenstergestalten auswuchsen. Die »Larvae« waren darauf aus, Mensch und Tier zu drangsalieren, und niemand wollte das geringste mit ihnen zu tun haben. Man fürchtete sie wie noch heute den »Bösen Blick«.

Da zog man sich lieber schnell ins Haus zurück – unter den Schutz des »Lar familiaris« – des »Familienlaren«, des Gründers des Geschlechts.

Eine eher schlichte, aber überaus nützliche Göttin war Juturna, die einmal in aller Bescheidenheit etwas mit Jupiter gehabt hatte. Und offenbar auch mit Janus, denn der soll mit ihr den Fons, den Gott der Quellen, gezeugt haben.

Juturna besaß auf dem Forum einen eigenen Brunnen, und alle umwohnenden Handwerker, die zu ihrer Arbeit Wasser brauchten, holten es sich von dort. Zum Dank ehrten sie die hilfreiche Göttin an jedem 11. Januar bei ihrem Tempel auf dem Marsfeld mit dem Fest der Juturnalien.

Später begannen die Römer der Einfachheit halber alle möglichen Zustände und Eigenschaften in der Gestalt von Göttinnen zu personalisieren.

Da gab es die Abundantia – die Göttin des Überflusses. Merkwürdigerweise hat man ihr keine Tempel gebaut. Vermutlich war das alte Rom derartig an Überfluß gewöhnt, daß sich die zuständigen Herren sagten: Tempel für den Überfluß sind überflüssig.

Am Fuße des Kapitols stand der Tempel der Concordia, der Göttin der bürgerlichen Eintracht, für jede Stadt eine der allerwichtigsten Göttinnen. Sie nahm auch das jeweilige Kaiserhaus unter ihren besonderen Schutz. Diese Göttin wird heutzutage leider auf das schmerzlichste vermißt. Man begegnet ihrem Namen nur noch bei Fußballvereinen.

Im Versicherungswesen tritt uns auch gegenwärtig noch häufig die Securitas entgegen – oder auch nicht –, die alte römische Göttin der Sicherheit. Sie trug eine Lanze in der Hand, denn ihr lag hauptsächlich die Sicherheit des Staatswesens am Herzen, weniger die des Individuums, das sich selbst um seine Sicherheit zu kümmern hatte.

Die Ehre verwaltete Honos – Urbild sämtlicher Honoratioren – und die Tapferkeit Virtus.

Die Standhaftigkeit war bei der Göttin Constantia gut aufgehoben, die Wahrheit bei der Veritas, die Freiheit bei der Libertas, die Hoffnung bei der Spes und die gute Hoffnung oder Fruchtbarkeit bei der Fecunditas.

Um die Gerechtigkeit kümmerte sich Justitia. Sie hatte eine Waage, um die Taten zu wägen, und ein Schwert, um die Untaten zu strafen. Sie wurde mit verbundenen Augen dargestellt, was zu vielerlei despektierlichen Scherzen Anlaß gegeben hat. Die Scherzbolde liegen jedoch falsch, wenn sie behaupten, daraus ergäbe sich eben, daß die Justiz blind sei und man nur aus reinem Zufall zu seinem Recht kommen könne.

Der Justitia waren vielmehr die Augen verbunden, weil sie »ohne Ansehen der Person« entscheiden sollte. Wie die Geschichte bis auf den heutigen Tag lehrt, ist ihr das nicht immer gelungen.

Die Schlachtensiege waren Sache der Göttin Victoria, die im 19. Jahrhundert auch bei uns durch einige gräßliche Standbilder verewigt wurde, und falls für kurze Zeit einmal Frieden eintrat, so ließ ihn die Göttin Pax eintreten, von der wir in der griechischen Abteilung bereits unter dem Namen Eirene gehört haben. Sogar die Esel und Pferde hatten eine eigene Schutzgöttin, die Epona, die von den Römern aus Gallien importiert wurde. So mancher italienische Esel wäre heute froh, wenn es diese Schutzpatronin noch gäbe.

Was Götter anbelangt, so standen die Römer auf dem Standpunkt: Öfter mal was Neues. Überall wo den römischen Legionären ein fremder Kult gefiel, wurde er nach Rom übergeführt. So brachten sie im Jahre 204 vor Christus aus Phrygien die Naturgottheit Kybele mit, die überall in Kleinasien verehrt wurde und auch den Griechen schon bekannt war. Damals tobte gerade der Zweite Punische Krieg, die römische Sache war noch nicht gewonnen, und Kybele – oder wie die Römer sie nun nannten: Magna Mater, die Große Mutter – sollte helfen. Die Göttin hatte anfänglich kein Standbild, sondern wohnte in einem Meteorstein in Pessinus in Kleinasien.

Die Römer transportierten diesen Stein, ohne viel zu fragen, in die Ewige Stadt. Dabei kam es unterwegs zu einem Zwischenfall. Das Transportschiff fuhr im Tiberfluß auf ein Unterwasserhindernis auf und blieb hängen. Nun wurde zufällig gerade an dieser Stelle ein junges Mädchen vorbeigeführt, das von sittenstrengen Häschern eines mehr als lockeren Lebenswandels bezichtigt wurde, und so etwas war strafbar.

Plötzlich sah die junge Dame ihre Chance.

»Die Tugend und die Götter sind auf meiner Seite«, rief sie laut, »sie werden mir helfen!«

Sie riß sich los, sprang in den Tiber und schob das schwere Transportschiff mit größter Leichtigkeit über das Hindernis hinweg.

Wie gesagt, die Römer waren abergläubisch. Dieses Ereignis überzeugte die Häscher von der Unschuld des Mädchens, und der Stein der Magna Mater erreichte ohne jeden weiteren Ärger die Stadt Rom.

Der Dienst dieser Göttin wurde mehr und mehr mit ausschweifenden Festen nach orientalischer Art begangen. Auch aus Griechenland hatte man allerlei Unpassendes übernommen. So die Transvestiten der Kybele, die in Griechenland Megale Meter hieß, und die Korybanten, Männer, die vor der »Großen Mutter« in Verzückung gerieten und sich in ekstatischen Tänzen ergingen. Sogar Selbstkastrationen sollen dabei vorgekommen sein.

Als sich der Kult der Magna Mater so weit entwickelt hatte, war der Dienst an der Göttin Pudicitia in Rom längst vergessen. Pudicitia war einst die verehrte Göttin der Schamhaftigkeit gewesen, die in der Ewigen Stadt zwei Tempel besaß, einen für die Patrizier und einen für die Plebejer.

Offenbar war man der Ansicht, es gäbe für jede der beiden Klassen eine eigene Schamhaftigkeit.

Eine Meinung, die auch heute noch nicht ausgerottet ist. Denken wir nur an die berühmte doppelte Moral.

Die Römer hatten also für alles und jedes einen Gott oder eine Göttin.

Sogar die Diebe hatten in der Laverna eine eigene Schutzpatronin. Nach einem gelungenen Beutezug konnten sie auf den Aventin-Hügel steigen und sich dort in ihrem Heiligtum bei der Porta Lavernalis bedanken.

Man könnte also nun der Meinung sein, diese unübersehbare Vielzahl an göttlichen Persönlichkeiten – an einheimischen und importierten – hätte den Römern gereicht.

Aber weit gefehlt! Sie vermehrten die Firma Götter GmbH. & Co. KG. ständig weiter durch neue Mitglieder. Manchmal taten das diese Mitglieder auch einfach durch Selbsternennung.

Und damit kommen wir von den echten Göttern zu den falschen.

III. Kaiser genügt nicht!

Der römische Kaiser brauchte sich eigentlich nicht zu beklagen. Seine Machtfülle war imponierend. Er führte Krieg, wann und gegen wen er wollte. Wenn es ihm paßte, schloß er Frieden. Die Volksversammlung hatte anzutreten, wenn er es befahl. Seine Person war unverletzlich. Außerdem bekleidete er auch noch das Amt des Oberpriesters, des Pontifex Maximus. So war es zu Zeiten des Augustus, des ersten Kaisers. Die späteren mußten dann schon vorsichtiger sein und besonders auf die Prätorianer aufpassen, auf die kaiserliche Leibgarde, die leider dazu neigte, sich mehr und mehr in die Regierungsgeschäfte einzumischen und gelegentlich einen Herrscher zu stürzen oder gar zu erschlagen.

Leibgarden jeglicher Art sind geradezu prädestiniert für Intrigen. Sehr bald kamen dann die Kaiser auf den Gedanken, daß es doch recht schön wäre, wenn die Untertanen ihnen nicht nur weltliche, sondern auch göttliche Verehrung zollten.

Schon Augustus fing in diskreter Weise damit an. Als er nämlich den Larenkult erneuerte – und zwar hauptsächlich den der Lares compitales, der Laren an den Kreuzwegen –, da ließ er jeweils zwischen den beiden Larenfiguren auch einen »Genius Augusti« errichten. Wer von den Passanten also innehielt um die Laren zu verehren, der verehrte den Geist des Kaisers gleich mit.

Schon der dritte auf dem Thron zeigte dann alle Merkmale des später so berüchtigten Cäsarenwahns. Er hieß Gajus und war der Sohn des Feldherrn Germanicus, den Kaiser Tiberius adoptiert hatte. Da Gajus bei seinem Vater auf den Kriegszügen und in den Heerlagern aufgewachsen war und immer eine kleine Uniform trug, gaben ihm die Legionäre den Spitznamen »Soldatenstiefelchen« – lateinisch »Caligula«. Und als Caligula ging er dann in die Weltgeschichte ein, wie man so schön sagt. Man behauptete von ihm, er sei »der beste Sklave, aber der schlimmste Herr«.

Als Kaiser fing er zu spinnen an. So wollte er beispielsweise unbedingt kostbare Perlen in Essig auflösen, um sie zu trinken. Tagelang warf er von der Basilica Julia Geld unter die Leute. Außerdem ließ er eine Brücke konstruieren, die von seiner Wohnung auf dem Palatin über den Tempel des inzwischen vergöttlichten Augustus hinweg zum Kapitolhügel führte, wo der Jupitertempel stand. Zweck der Übung: Die Brücke sollte die beiden erhabensten Götter der Welt verbinden, Caligula, den Kaiser, und Jupiter.

Schließlich geriet er völlig aus dem Häuschen. Bei den ersten Bildhauern gab er serienweise seinen Kopf in Marmor in Auftrag. Dann schlug er anderen Götterstatuen eigenhändig die Köpfe ab und setzte ihnen seinen eigenen auf die Hälse. Als Krönung seiner Bestrebungen in Sachen Religion errichtete er sich selbst einen prächtigen Tempel, komplett mit Priestern und Opfertieren und nahm Geldgeschenke, wo er sie nur kriegen konnte. Endlich war es mit ihm nicht mehr auszuhalten, und die Prätorianer erschlugen ihn.

Auch sein Nachfolger Claudius wurde zum Gott erklärt und bekam einen schönen Tempel. Leider nützte ihm seine Göttlichkeit in den eigenen vier Wänden nichts, denn dort regierte seine Frau Messalina, die ihm auf der kaiserlichen Nase herumtanzte und keinen Mitarbeiter ungenutzt ließ. Die antiken Schriftsteller Juvenal und Plinius der Ältere berichten ausführlich über die interessante Freizeitgestaltung dieser, allgemein als »Hure« bezeichneten, dritten Gemahlin des Kaisers und Gottes Claudius.

Seine Majestät, der Herrscher, soll früher gestottert haben und nicht fähig gewesen sein, seinen Namen in einem Zuge auszusprechen, weshalb er von respektlosen Hofschranzen »Clau-Clau-Claudius« genannt wurde. Als die Nymphomanie der Messalina immer mehr zum öffentlichen Ärgernis wurde, und ihre Liebhaber auch das Leben des Kaisers bedrohten, ließ er die Dame erstechen.

Gott Claudius endete in seinem vierzehnten Regierungsjahr durch Gift; die Opfer, die man ihm brachte, hatten nichts geholfen.

Die ganze Vergötterei war übrigens keine Erfindung der Kaiser. Schon mit Gaius Julius Cäsar hatte diese Serie begonnen. Nach seiner Ermordung wurde er durch Senatsbeschluß unter die Götter versetzt und bekam einen günstig gelegenen Tempel auf dem Forum. Augustus ließ aus diesem Anlaß glanzvolle Spiele veranstalten, und dabei stand sieben Abende lang ein Komet am Firmament, bis alle

Leute überzeugt waren, das sei die Seele Cäsars, die sich die ihr zugedachten Ehrungen anschauen wollte.

Am Forum hatte auch Kaiser und Gott Vespasianus aus dem Hause der Flavier seinen Tempel. Er achtete sehr auf die Staatsfinanzen und erfand die originelle Besteuerung der öffentlichen Bedürfnisanstalten. Sein Sohn Titus machte ihm deshalb – wie Sueton berichtet – Vorwürfe. Ein Kaiser und Gott könne doch nicht den Urin besteuern. Da hielt ihm Vespasian ein Geldstück, das aus ebendiesem Steueraufkommen stammte, unter die Nase und sprach seine berühmt gewordenen Worte: »Non olet« – »Es stinkt nicht!«

Übrigens war diese Steuer nicht völlig sinnlos, denn man verwendete damals Urin zum Gerben von Tierhäuten.

Einer der Gottkaiser, die wenig Wert auf ihre Göttergleichheit legten, war der in Spanien geborene Trajanus, den der Senat feierlich mit dem Titel »Optimus« – »Der Beste« – auszeichnete. Trajan hatte zwar auch einen Tempel, aber er war viel zu klug, um sich als Gott zu fühlen oder gar aufzuspielen.

Ganz anders wieder dachte der später auf einer Auslandsreise ermordete Kaiser Aurelianus, der im dritten nachchristlichen Jahrhundert regierte. Er bestand darauf, jedermann habe ihn mit »Dominus et Deus« anzureden, also mit »Herr und Gott«. Die Leute, die ihn auf dem Wege nach Herakleia erschlugen, werden das wohl in der Eile vergessen haben.

Die Erhebung in den Götterstand war für die römischen Kaiser nicht nur ehrenvoll, sondern auch finanziell sehr angenehm. Erstens konnten sie als Götter jederzeit von reichen Leuten saftige Geschenke fordern – das war dann eben ein »Opfer«, das ihnen zustand –, und zweitens führte die Staatskasse, in die viele Kaiser mit Vorliebe ihre Finger steckten, den Namen »Allerheiligster Fiskus« – auf deutsch: Allerheiligster Geldkorb. Wer nun dem Kaiser und Gott nicht pünktlich die Steuern bezahlte, der konnte wegen eines Verbrechens gegen die Religion verurteilt werden. Und das war den Untertanen doch zu riskant. Da zahlten sie lieber.

Mit diesem »Herr-und-Gott«-Größenwahn hatte inoffiziell schon Kaiser Domitian seine Umgebung nervös gemacht, aber ihm war es trotz aller Kunstgriffe nicht gelungen, den Staatsschatz, den allerheiligsten Geldkorb, dauerhaft zu füllen. Seine echten Götterkollegen schickten ihm daher einen tröstlichen Traum. Im Schlaf glaubte er, ein Buckel aus purem Gold wüchse ihm aus der Schulter. Damit wären seine Finanzen gerettet gewesen, aber zu seinem Nachteil konnte selbst dieser einträgliche Traum nicht verhindern, daß er – wie so viele kaiserliche Götter – wegen Mißwirtschaft und Grausamkeit von seinem Personal ermordet wurde.

Genug! Wir wollen unseren nostalgischen Spaziergang durch die Götterwelt der griechisch-römischen Antike beenden. Und wenn Sie im Verlauf der sterblichen Irrungen und Wirrungen einen der Unsterblichen der Firma Götter GmbH. & Co. KG. aus dem Gedächtnis verloren haben, so macht das nichts.

Blättern Sie einfach zurück.